| 作者简介

晨羽，两个女儿的妈妈，中国人民大学博士，大学老师。

亲子研学的实践者，2020 年开发亲子研学系列课程，

在"好奇说"亲子阅读平台受到家长们的一致好评。

陪孩子
探索
世界

随时随地的亲子
研学实践

吴玥 | 著

人民卫生出版社
北京

版权所有，侵权必究！

图书在版编目（CIP）数据

陪孩子探索世界：随时随地的亲子研学实践 / 吴玥
著 . —北京：人民卫生出版社，2023.3
ISBN 978-7-117-33726-7

Ⅰ.①陪⋯　Ⅱ.①吴⋯　Ⅲ.①儿童教育－家庭教育
Ⅳ.①G782

中国版本图书馆 CIP 数据核字（2022）第 189536 号

人卫智网	www.ipmph.com	医学教育、学术、考试、健康，
		购书智慧智能综合服务平台
人卫官网	www.pmph.com	人卫官方资讯发布平台

陪孩子探索世界：随时随地的亲子研学实践
Pei Haizi Tansuo Shijie: Suishisuidi de Qinzi Yanxue Shijian

著　　者：吴　玥
出版发行：人民卫生出版社（中继线 010-59780011）
地　　址：北京市朝阳区潘家园南里 19 号
邮　　编：100021
E - mail：pmph @ pmph.com
购书热线：010-59787592　010-59787584　010-65264830
印　　刷：北京华联印刷有限公司
经　　销：新华书店
开　　本：889×1194　1/32　　印张：7
字　　数：163 千字
版　　次：2023 年 3 月第 1 版
印　　次：2023 年 5 月第 1 次印刷
标准书号：ISBN 978-7-117-33726-7
定　　价：69.00 元

打击盗版举报电话：010-59787491　E-mail：WQ@pmph.com
质量问题联系电话：010-59787234　E-mail：zhiliang@pmph.com
数字融合服务电话：4001118166　E-mail：zengzhi@pmph.com

陪伴是最长情的告白

如何摆脱原生家庭的桎梏，在我们的孩子身上实现完美迭代，吴玥用随时随地的亲子研学实践，为身为父母的我们提供了亲子教育的范本。

她的新作《陪孩子探索世界：随时随地的亲子研学实践》开篇引用了日本作家伊坂幸太郎的名言："一想到为人父母居然不经过考试，就觉得真是太可怕了！"直接表达了父母学习的重要性。我们生活在一个信息大爆炸的时代，科技发展日新月异，为人父母如果不肯学习，很可能复刻原生家庭的教育模式，让自己的下一代重蹈覆辙，陷入难以摆脱的恶性循环中。

而另一个极端是"快乐成长"的教育模式。

不可否认，快乐成长已经成为新生代家长们的共识，但是仔细观察周边的朋友圈，我发现，很多人所谓的快乐成长，不是无为而治下地躺平摆烂，就是无限纵容地野蛮生长。

"快乐成长的实质是在快乐的过程中享受学习，让孩子体验到学这个过程中的快乐，才会对学习生长出浓厚的兴趣，形成稳

定的学习动机和求知欲望，这样的学习才是持续的、有效的、成功的。"吴玥在书中提出的观点，符合自驱型成长的规律。她提出的探索式亲子研学模式，强调孩子和家长的互动需要有幸福、陶醉、专注的心流体验。以父母学习为先导，无论是读万卷书，还是行万里路，最后都要回归到对孩子的兴趣引导和有效陪伴上。

无论是书中的观点，还是生活中的实操，吴玥和我平时与孩子的互动有很多异曲同工的地方，因此我在阅读本书的时候，会和她产生很多惺惺相惜的共鸣。

我在自家的院子里广植百草，让孩子看着植物从种子入土，破土发芽，抒枝散叶，开花结果，植物的生长过程成就了一堂堂生动的亲子课。从孩子蹒跚学步的时候，我就开始带他游历世界，每一次旅行都是亲临现场的体验课：我们共同闯过日本东京马拉松的终点线，用奔跑的脚步感受国际大都市的体量；坐过加拿大班夫的观光火车，随山峦起伏体察地球的脉动；参观过伦敦大英博物馆，了解人类历史文化的同时不忘星辰大海；走进纽约的联合国总部，知道地球村承载了人类共同的命运……

吴玥通过新书向我们传递了一则有益的信息——亲子研学并不神秘也不高深，只要父母愿意俯身倾听孩子的心声，能为知识迁移创造亲子同乐的学习场景，无论是自家的庭前院后，还是世界的海角天涯，都是我们传递新知、探索世界的大课堂。

　　在孩子慢慢成长的过程中，陪伴无疑是最长情的告白，让我们心怀感恩，与孩子共同成长，以天为幕、以地为席，用知识滋养、用真爱守护我们的孩子！

著名探险家

（登顶七大洲最高峰、完成七大洲极限马拉松全球第一人）

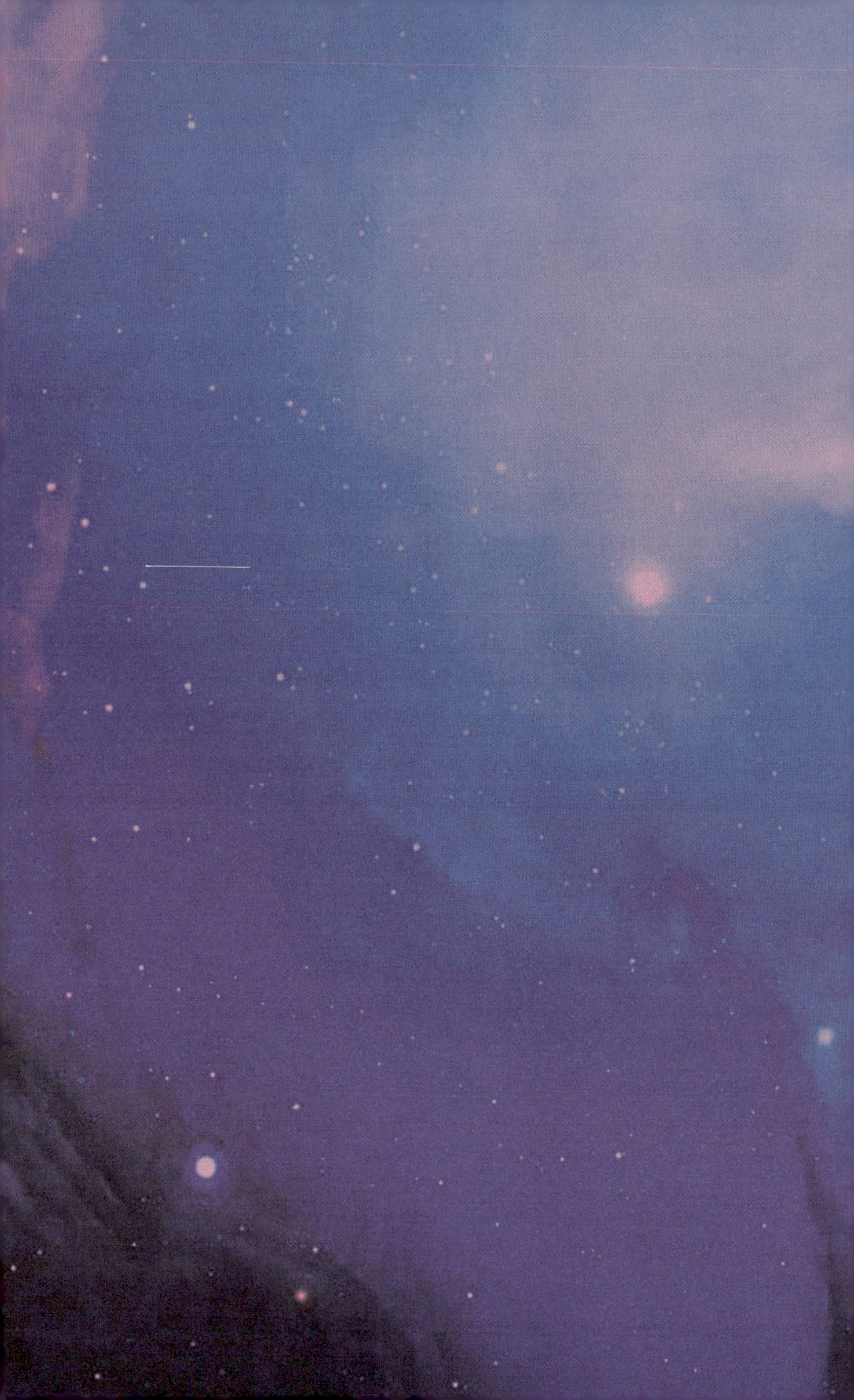

亲子研学为孩子开启更广阔的世界

非常欣喜地读到吴玥博士的《陪孩子探索世界——随时随地的亲子研学实践》，深切感到这是新时代的父母都需要选修的一课。

2016 年《教育部等 11 部门关于推进中小学生研学旅行的意见》发布，充分体现了国家对"研学"教育的重视。"研学"继承了"读万卷书、行万里路"的中国传统教育理念和人文精神，也体现了"寓教于玩、寓学于乐"的现代教育思想。

虽然近年来"研学"越来越受到中国学校与家庭的重视，但相比国外，在"研学"教育上的投入还存在很大差距。从一组数据对比可以看到这种差距，据统计，作为研学教育重要载体的营地，美国约有 12 000 个，俄罗斯则有 55 000 个，日本有 3500 多个，而中国才拥有各类营地 1 500 个左右。相比中国学生人数与地域面积，营地数量显然是不匹配的。一个原因是中国中小学生的课余时间主要还是花在学校课程及上各类培训班，而上述国家的孩子则主要在营地开展研学活动。相信"双减"之后，更多的家长像吴玥博士一样意识到研学教育对孩子未来成长的价值，这种情况会迅速大为改观。

吴玥博士显然也看到了中国孩子在接受"研学"教育上的这种差距，更是创新性地提出了"随时随地的亲子研学实践"的理念与实践方法，让中国的父母们可以利用更多的时间，更切实可行地为中国孩子们补上这个差距。

"宝贝走天下"作为中国亲子研学领域的头部品牌企业，与吴玥博士的理念是一致的，以"影响中国亿万儿童，探索属于自己的世界"为使命，希望可以影响更多孩子通过研学活动去探索与认识更广阔的世界，为中国儿童的素质教育打下扎实根基。

"宝贝走天下"创始人

苏宁军

我与研学

> "一想到为人父母居然不用经过考试，
> 就觉得真是太可怕了。"

——伊坂幸太郎

我有两个女儿，姐姐叫"舒心"，妹妹叫"暖心"，正如名字一般，她们常常让我感到幸福、陶醉，感慨作为妈妈的美好。

作为 80 后的我，童年的回忆充满了太多限制。直到现在，在我将近 70 岁母亲的眼里，我仍是属于她的"某个部分"，所以她常常以权威的方式告诫我：不能这样，要去那样！她有操不完的心，我也渐渐练就了各种逃避的"武艺"。

作为大学老师的我，喜欢观察学生的学习过程，看他/她们如何思考、如何讨论、如何处理错题和难题。我发现并非所有学生都经历了真实的学习，他/她们坐在那里，看上去是在学习，

不断地点头，当你问他／她们还有没有问题的时候，他／她们会说没有，接着你抛出来一个新问题，他／她们开始快速翻书、寻找笔记……可能他／她们只是在配合我的教学，或仅仅是为了考试成绩，他／她们不知道除了分数外，学习还能是为了什么。

这些人生经历，让我更加珍惜此生为人父母的机会。与孩子相处，应该尽可能在彼此的生命历程中留下美好的回忆，这些回忆不仅仅是当下的快乐，更是面向未来的历练。所以我要做的，不是教他／她们多认识几个字，不是多做几道数学题或多背几首诗，而是在这个连下一秒发生什么都无法预知的时代里，让孩子学会独立思考问题和解决问题，学会快速、准确地判断，学会更好地与他人合作。

你可能会问："为什么我要去做这些？"因为非常遗憾，孩子难以从灌输式教育中习得这些能力。"纸上得来终觉浅，绝知此事要躬行"，培养能力最重要的就是在实践中锻炼，这种锻炼不是一蹴而就的，而是在每一个经历中积累起来的。这才是亲子教育中最应该完成的"任务"，如果错过了学龄前的长期陪伴，一生中便再也找不到这样纯粹的亲子时光了。这段时光会给父母和孩子带来许多珍贵的体验，也会给彼此无限的可能。突然想到一句话："童年的发展就类似在麦田散步，无论是好是坏，都会形成路径，影响一辈子的行为。"《三字经》曰："子不教，父之过。"教与养是为人父母的重要义务，所以我想带着我的孩子，带着更多的孩子走出新路径，收获新的能力。

　　本书将以真实的生活经历为素材，来为孩子的成长和学习提供丰富的思路。让我感到振奋的是，当更年轻的一代成为父母，越来越多的人与我达成共识，我们通过各自的努力为孩子构筑成长的基石，更为积极地投入中国家庭亲子教育的改革浪潮。这本书正是这场浪潮中的一份子，讲述了我们如何科学地带着孩子行万里路，去认识和理解这个世界，去直面挑战，发展出面向未来的能力。

2023.3

目录

第六章

写在前面

这里就是北京呀

　　我家住在北京的郊区顺义，舒心的幼儿园就在小区附近。孩子小的时候，生活半径比较小，无非就是小区、幼儿园、周边商场，还有周边的公园。有一次，老家亲戚来北京，我就说要带他们去市里转转。那时候舒心才不到 4 岁，特别好奇地跑来问我："妈妈，哪里是市里？"我告诉她是北京市市区，她更加好奇了，瞪大了眼睛惊叹道："妈妈，可是这里就是北京呀！"原来，在她的世界里，我们居住的小区和小区周边的生活场景，就构成了她对北京整体的认识。

我想起意大利导演朱塞佩·托纳多雷的一部影片《天堂电影院》，影片的主人公多多喜欢看放映师艾佛特放电影，在胶片中找到了童年生活的乐趣。艾佛特对多多说："每天待在这里，会把这里当成是全世界，不再追寻，不再拥有，你得离开一阵子。如果你不出去走走，你就会以为这就是全世界。你如此年轻，世界都是你的。"

我感到有些内疚，整天忙于工作的我们，即便到了周末，也只是带孩子在小区周边打个转，遇到假期就抓紧回我的老家云南，这让舒心即便生活在这座城市，却依然对它一无所知。于是我给舒心制订了一个城市漫游计划（图1），先是去城市里的博物馆，再到名胜古迹、自然景区、街头巷尾……慢慢地，我们利用假期开展了远途旅行，有孩子们最爱的主题乐园，也有让我们津

图1 | 只要一有空，我就会带舒心、暖心出去见世界

津乐道的博物馆和自然名胜。

渐渐地，我才真正懂得"读万卷书，行万里路"的内涵。见得多，看得远，想得开，孩子们才能更好地理解这个世界的丰富多彩。这样的话，他／她们将来遇到不同的事情时，才能心里有底，欣然地去接受，或做出更好的选择。

见得更丰富，有更多人生经验，知道什么更好，孩子才能够对自己的人生更有目标和规划。我的孩子，你如此年轻，世界都是你的。如果你不出去走走，你会以为这就是全世界。

孩子给我的启发

　　和舒心的城市漫游，开始于北京故宫。还记得那天我们赶了个大早，在门口租了语音导游播放器，起初孩子对这个可以挂在脖子上的新玩意儿特别感兴趣，小手一会按下这个键，一会按按那个键，认真听着耳机里面传出来的各种声音。可是没过多久，舒心就认真地告诉我："妈妈，我不想听这个！"我问她："舒心，你听，里面有很多有趣的故事哦，而且你看，这些故事就发生在我们现在所处的这个地方。它还能告诉你，你看到的东西是什么。你真的不想听吗？"孩子连想都没有想，就把播放器塞给了我，像一只放飞的小鸟，一溜烟没影了。我的心颤了一下：是呀，对于一个4岁左右的孩子，播放器里的内容多么无趣。这些声音无法跟孩子建立连接，没有连接，又怎么可能真正学到东西？

　　放弃了专业的播放器，舒心倒是发现了不少有趣的细节，比如随处可见的大水缸，底座上为什么会有一个洞口；那么多的狮子，形态各异，有的还在"打电话"；大门上为什么会长那么多大圆钉……带着好奇，她开始若有所思，若有所问，若有所答……

　　除了带孩子进行城市漫游，我也是一个在网上看见好活动就忍不住报名的妈妈。这些活动一般有两类，一类是研学，会有专业的老师带队，带着孩子去探秘，收获专业知识；还有一类是亲子游，主要是安排大人和小孩共同的行程，本质上还是旅游服务。在这两类活动中，我比较青睐研学，跟了一段时间研学机构后，遇到的最大的困难是，孩子喜欢的老师往往只在一个地方活动，当我们想往外走走时，发现不那么热门的地方基本都没有研学服务。再者，研学的费用都比较贵，在北京这样的城市，半天活动需要 200 到 800 元不等。

　　机构的研学收费高，覆盖面不大；普通的亲子游，大多是人山人海的走马观花。也许，仅仅依赖外部力量来带孩子看世界、理解世界，是远远不够的。每个孩子都有不同的潜力和能力，作为父母，明白该如何引导才是关键。所以我想，要有自己的方法，用真实的世界去唤起孩子的潜能，让他／她们在行走中成为最棒的自己！（图2）

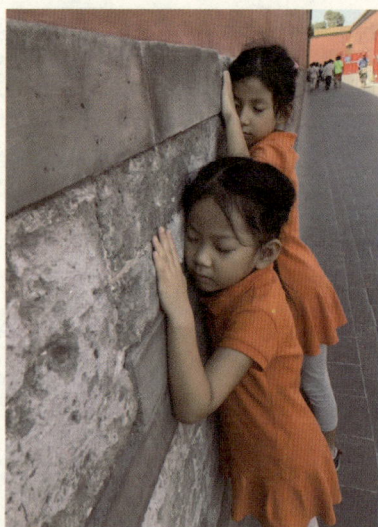

图2 | 居住在北京，故宫是我们常去研学的地方。我们在故宫里找过大怪兽，体验过皇帝的一天，听过历史；我们探索了故宫布局，发现了一门一窗的秘密

仅仅知道并不足够

大女儿舒心小时候问过我：为什么电梯旁边还有楼梯，是有人不喜欢坐电梯，要爬楼梯吗？我当时很认真地告诉她，这是消防通道，如果大楼着火、电梯停电了，可以从这里跑出去。

几年后的一天，我们在看电视时，新闻里正播报某地着火，有部分居民遇难。舒心对妹妹暖心说：电梯旁边的楼梯是消防通道，着火时，他们其实可以从那里逃生。

坐在旁边的我开始还挺欣慰，孩子们掌握了安全知识。转念一想，真着了火，只知道消防通道就能逃生吗？里面有烟雾怎么办？楼层太高呢？继而想到，如果是我自己遇到火灾，我真的知道该怎么办吗？认识消防通道既不是知识，也不是能力啊。

于是，我带着孩子们讨论火灾，和她们一起研究面对各种问题和在不同场景下的自我保护方法。

为什么着火了不能坐电梯跑？

为什么宾馆房门后面都贴着一张紧急逃生的布局图？

如果住在 20 楼，来不及跑出去怎么办？

如果打开门发现门口着火了怎么办？

如果消防员叔叔叫我们待着别动，等待救援，我们还要不要跑？（图3）

如果感觉呛鼻子，有什么好办法？

图3 ｜ 中国消防博物馆中展示的中国近现代消防设施

如果发现妈妈被熏晕了，你们抬不动妈妈怎么办？

如果听到邻居在求救，你们应该做什么？

你们知道家里窗户的铁防护栏怎么打开吗？

我们可以在窗户外装个滑梯吗？

带着各种问题，我们一起去消防博物馆参观，给家里买了灭火器、消防毯和消防面具，还一起进行游戏演练。后来，孩子们养成了习惯，出去住宾馆的时候，一进房间就看门背后的消防地图，观察消防器材的位置，还会自己总结成故事，到学校给同学们讲解消防知识。

把名称和概念当作知识教给孩子，是大多数妈妈的教育方式。我们的父母和老师是这么教我们的，我们自然也这么教孩子。当孩子能认出很多东西的名称，比如灭火器、消防通道、面具时，周围人都会夸孩子聪明，我们作为父母也非常高兴。但是，仔细想想，这是真正的知识吗？孩子知道背后的道理吗？到了实际的场景，他／她们知道怎么运用吗？

所以，如何引导孩子们持续观察、思考，并不断提出问题、寻找答案，使之内化成为他／她们面对未来时的信心和能力，才是我们努力的方向。

看世界，我们需要新的模式

传统学校教育强调的是书本上的知识，每个问题都对应着标准答案。潜移默化之下，我们也养成了"寻找标准答案"的思维模式，不用考试的内容我们都不太关心，身边常见的事物是什么原理，我们也从不好奇。

大家是不是和我一样，发现从小学到大学，学习和考试的内容越来越复杂，只靠记住书本上的例题和答案越来越难应付过去。进入高等教育系统以后，我们更是得学会提出问题，分析问题，结合科学的范式，用自己独特的视角去解决问题。

从校园走到社会，我们会非常真切地体会到，实际生活和工作中的很多问题变得没有标准答案了，我们时时刻刻都要学习新事物：刚学会用手机打电话，又要学微信聊天；在国内习惯了公交车到站会报站，但去国外很多地方，会发现有的车从头到尾都不报站。从我们这代人开始，无论在学校还是进入社会，都需要不停地学习新知识，才能够适应社会。

作为一名职业教育者，我也看到了符合时代发展的教育图景，比如大学在进行课程改革，从"知识立意"向"素养发展"转变，努力克服认知学习与应用实践的脱节。在这场变革中，新的教育模式被不断提出，它们之间也有几点共性：第一，强调基于理解的知识迁移及在迁移转化过程中的思维发展；第二，强调学习是一项真实性的实践，学习者在其中形成个性化的体验；第三，强调以创新为指向的学习方式，让学习者经历由自己主导的，以"真实问题"为导向的问题解决过程。

这场变革需要经历一代甚或几代人的努力，因为流水线模式抹杀的不仅仅是创造力和想象力，更是自主探索、自然学习的人类天性。这场变革，需要每一位父母置身其中。父母就像孩子的一面镜子，孩子们能够看到的其实就是镜子中的世界，而我们可以帮他／她们"照见"更大的世界。

我们应该如何跟孩子一起看世界？各类幼儿教育经典给了我们科学的范式，如脑神经科学、儿童认知科学、探究性学习与项目化学习、高阶思维能力的培养等，都可以为我们所用。站在科学理论的基础上，结合带着孩子看世界的真实情境，亲子研学的教育理论和方法应运而生。我们惊喜地发现，原来我们可以把之前交给研学机构的钱省下来，更合理地安排经费，给孩子更加匹配和系统化的实践成长；原来我们可以把亲子研学的方法应用到日常亲子陪伴的场景中；原来"行万里路"并不是万里之遥的旅行，而是生活中"大手牵小手"的每一步路。

之所以称这种教育方式为"亲子研学"，是因为它是家庭教育中的重要组成部分，是"行万里路"的行动法则，能够指引家长进行理性引导，让孩子的潜能无限放大，为一生积累财富。这些引导不是盲目的，需要有的放矢，这让我们不得不本着学习的态度，从学习如何为人父母开始，从日常的点滴中，在行走的每一步里，理性和科学地去引导孩子。默默耕耘，方能静待花开。

父母要先于孩子成长

美国教育家格伦多曼曾强调，学习是生活中最有趣、最伟大的游戏。所有孩子生来其实都是这样认为的，并且也会持续地这样认为，直到我们使他/她们相信，学习是非常艰难和讨厌的事情。

有一些孩子则从来没有真正遇到这个麻烦，终其一生，他们都相信学习是一件值得玩的有趣的游戏。说到这里，作为家长的我们可以回顾一下自己的成长经历：你曾经是不是那个对世界充满好奇的"为什么"宝宝——在烈日下用放大镜烧树叶，下雨后捡蜗牛，想不明白船为什么会飘在水面，关灯了为什么会看不见，蜜蜂蜇人为什么那么疼，壁虎的尾巴甩到哪里去了……。学习与生活本来就密不可分，我们其实天生就会学习和探索，那为什么长大了的我们会"学习不好、学习吃力、不会学习"？到底发生了什么，让我们的学习能力"逆成长"了。也许就是父母的唠叨、命令、打骂，以及无理的比较……造成的，低质量的陪伴往往比没有陪伴更加糟糕。

我多么希望上一代给我们上的枷锁，不要再这样继续传递下去，我们可以从自己出发，先于孩子成长。为此，我系统学习了脑神经科学、儿童认知科学、项目化学习、高阶思维的课程，并就收获与身边的幼儿教育专家探讨，得到了他们的高度肯定。同时，我也在带孩子的亲身经历中学以致用，用心感受陪伴的变化，并将这些收获整理成《好奇说·亲子研学赋能营》的系列课程，与更多家长分享，见证更多的亲子研学实践。

在带孩子行万里路的过程中，我们实操着亲子研学这种新的亲子方法，可以欣喜地发现，在家里、小区、公园、商场、超市、旅游景点等地方，只要注意观察，我们就会发现各种有趣的事，了解各种规则的成因、各种事物的形态，并一起探索背后的规律。所有的观察、思考、讨论，都是孩子边玩边学的好机会。在生活中的各种场景下，都可以和孩子随时随地地边玩边学，这样去学习就能逐步内化成孩子条件反射式的习惯。采用这样的教育方法，舒心、暖心开始通过自由探索去习得知识，而不再只依赖大人主导的"教学"。

这种"真实环境中的学习"，需要开放式、启发式的引导，方法与传统教育有所不同，培养目标也和校内教育不完全一样。所以，我们需要一起先改变自己。我们过去更关注书本的知识和作业，而常常忽视了"真实环境中的学习"；现在，从这里开始，我们需要关注的是真实环境带给孩子的学习机会。与学校教育需要专业的老师一样，提供这种引导式亲子教育的"陪孩子探索世界：随时随地的亲子研学实践"也是有科学方法的，这便成了我写这本书的初心。

第一章

今天的孩子需要什么样的教育

"在笼子里出生的鸟，认为飞翔是一种病！"

——亚历桑德罗·佐杜洛夫斯基

中国有句古训："书山有路勤为径，学海无涯苦作舟。"这句话的后半句我并不认同，孩子们如果把苦作为船桨，即便到了彼岸，也会失去生命的幸福。

亲子研学的目的，就是为了让孩子在快乐的环境中享受学习。孩子体验到"学习"过程的快乐，才会对学习产生越来越浓厚的兴趣，形成一种稳定的学习动机或求知欲望，这样的学习才是持续的、有效的、成功的。

那么，研学、亲子研学究竟是什么呢？大部分人对它的认识可能集中在以下几类：第一类，听过研学，但是搞不清它具体是什么；第二类，认为研学是高大上的课程，是由专业机构带着孩子出国旅行；第三类，认为研学就是亲子旅游；第四类，知道研学包括游玩和学习两个部分，但不知道该从哪里下手去做。

很多家长对于什么是研学、亲子研学只有模糊而笼统的概念，觉得只是一种花费不菲的交流式教育项目，并不了解背后更深层的逻辑和重要性。我想从一些不同的维度出发，帮助家长们真正地理解研学概念背后的教育思维。

研学是什么

简单来说，研学的精神可以概括为"见多识广"和"见微知著"这两个关键词。

第一个维度是见多识广，只有我们见得多，知道得广，才能够理解世界文化的多样性和合理性。就像我们旅游的时候，也总是要挑一些没有去过的地方打卡，起初的目的其实就是见多识广，既开阔自己的眼界，又锻炼独立探究的精神。

我们可以想想，如果一个孩子从未见过外面的世界，他／她很可能会认为自己目光所及就是整个世界；但如果他／她见得多、看得远、想得开，便能够体察万物，同时还能释放情怀。见多识广能够帮助孩子减少信息差，使他／她们具备组合资源的能力，从而实现各种可能性。

打个比方，在北方冬天枝枯花败之时，云南昆明的鲜花仍然盛开着，而只有那些见过、了解并思考过这个现象的人，才有可能想出把昆明的花运到北方售卖的主意。在了解事物的多样性之后，我们才有灵活运用的可能性，在做选择、做决策、做研究时才会更加合理。

有了更多的人生经验，知道什么更好，孩子才会对自己的人生有更适合和更长远的目标、规划——只有见到了"好"，才会渴望"更好"。

第二个维度是见微知著，意思就是以小见大，逐渐明白事物的实质和发展的规律。它发展的是孩子的洞察力，一种专注思考的能力，让孩子更加深刻地了解不同事情的前因后果，进而发现它们之间的关系。这对于创新发展和科学研究来说都是非常重要的能力。

就像看到鱼儿浮出水面、蚂蚁搬家，我们就能想到快要下雨了；看到一片叶子，我们就能知道，叶子的变化跟季节的变化有关系，一叶落便知秋之将至。这个浅显的道理同样适用于非常复杂的事情和研究之中。而这种能力需要从日常的各种小活动中开始锻炼。

研学的思想从何时开始

研学其实并不是新时代的产物，追溯研学的历史，它并不是在物质生活极度丰富的今天才盛行，而是世界各国、各民族文明中最为传统的一种学习教育方式。

我国古代的研学理论主要体现在儒家、道家、佛家思想中。

儒家的研学理论包括"仁学之游"与"比德之游"。仁，是儒家思想的核心，它以孝悌为本，提倡近游，这让人既能锻炼身体、陶冶情操，同时又可以与父母和家人享受天伦之乐。不得已而远行者，应该有远行的方向和计划。

《礼记·内则》中说"射人以桑弧蓬矢六，射天地四方"，提倡男儿应该志在四方，君子为了追求高尚的道德，需要出门远游，所以孔子提倡读书人去郊游，以修身养性、陶冶情操，同时，他还提倡年轻人通过游学、游说去锻炼意志，实现抱负。

在仁学的基础上，儒家又提出"比德之游"的思想，这源于孔子的《论语·雍也》："智者乐水，仁者乐山；智者动，仁者静；智者乐，仁者寿。"聪明的人爱好水，有仁心的人爱好山；聪明的人好动，有仁心的人喜静；聪明的人快乐，有仁心的人长寿。强调在山水的研学观光中，实现修身、齐家、治国、平天下。

道家认为，研学者应去观澜万事万物的自然真貌，探究人生与自然的真谛。研学就是逍遥，就是使游子获得精神上的满足和自由。老子说："人法地，地法天，天法道，道法自然。"而庄子讲无为，讲逍遥游，强调人对自然现象和自然规律的依赖，"天地有大美而不言"，他要幻化为大鹏和蝴蝶在大自然中遨游。道家的研学思想，是为了追求自然界的自由境界，即所谓的"道"。

　　佛家认为，僧人研学是善法。佛教一直有外出学习的传统，认为人的理想生活有四个不同的时期，在最后的遁世期，要舍弃一切财富，云游四方，乞食为生，严守五戒，方能摆脱生死，获得解脱。这是从哲学的高度来强调出家人外出研学的重要性：人生难得，没有经历和实践，就不能得到正确的认知，成就佛道。

　　可以说，中国古代儒家、道家、佛家对研学的重视，对后代研学活动和研学的思想产生了深远的影响。

　　西方的研学实践，也是数不胜数，意大利旅行家马可波罗在中国的游记透露出丰富的信息。特别是 17 到 19 世纪，英国贵族去往欧洲大陆的规模性研学，成了英国精英教育的重要组成部分。

　　英国政治家沙夫茨伯里勋爵曾说过，想要获得世界知识，就必须独立探索，细心地观察他国的政治特色、风土人情及文化信仰。更重要的是，要通过相互的交往来观察、研究并理解与自己同处一个世界的人们，因为人们在各自所属的环境下，生活方式和表达方式也各不相同。这种独立观察及探索的学习方式，是学校所不能提供的，但对学生的能力养成非常重要，绅士们应该努力学习并掌握这种方法。

可见，研学从古至今，在多数国家都是非常传统的一种学习方式。

当今研学是什么样的

实际上到今天，在欧美国家，研学作为教育产业已经发展成熟，并且形成多个分支，比如探索自然、体验历史、文化普及、兴趣拓展等，这些特色活动寓教于乐，与我们所说的游玩有本质的区别。在这个领域，也有过一些非常成功的商业案例。

在中国，虽然这个行业刚刚起步，还不成系统，但由于需求巨大，市场上也已经出现了四类研学机构。

第一类是传统的夏令营、冬令营机构。内容主要围绕某个主题展开，如艺术类、科技类、自然类等，主要通过学校渠道获取利润。

第二类是旅行社。由于旅游行业竞争激烈，很多传统旅行社开始转型从事研学旅行。他们往往从自己擅长的旅游领域入手，通过整合旅游资源和教育资源，在旅游中嵌入亲子、教育等元素，打包出售。

第三类是互联网平台。随着亲子游的火热，很多互联网公司也纷纷入局亲子游，并通过平台优势，将研学旅行包装为一个单独的品类进行销售。

第四类是专业游学机构。这类机构既不同于传统的夏令营机构，又不同于旅行社，他们带着孩子去到国外的名校进行考察、参观，或者将国外的教育理念引入中国，如营地教育。

这四种类型的研学机构除了都是刚刚起步、还不成系统之外，更大的共性就是收费很高，价格基本上是同等配置旅游项目的 2 到 5 倍。

当然，作为父母，我们承担着保护、抚养、指引新生命的角色，要提供一切可能的资源，以满足孩子未来发展的需要。但仅仅靠偶尔去参加付费的研学活动，并不足以支撑孩子成长的需要。况且，这些研学项目作为商业化的产品和服务，不仅难以为不同的孩子定制化开展，而且在市场的浪潮里，很多研学项目最后都沦为大规模机械化的流水线产品。

而我所倡导的亲子研学，其实是一种可以解决实际问题的工具和方法。作为家长，如果能够提供高质量的亲子研学陪伴，就可以为孩子的成长铺设一座桥梁，通过构建孩子研学的能力和思维，保护他／她在流水线的教育体系里不被吞没，保有自我的能动性，既能吸收学校教授的知识，又能活学活用，为将来走入社会做好充足的准备。

从这个根本出发，我们其实可以通过 DIY 的方式，在相对控制成本的基础上，设计出最适合自己的孩子、为家庭量身定制的亲子研学活动。

为什么要进行亲子研学

在了解了研学的基本概念之后，我们来聊聊这本书所提倡的亲子研学究竟是什么。顾名思义，亲子研学就是由家长来主导的研学活动，是应需求而生的可以更好地解决一些传统研学无法覆盖的问题的活动。

亲子研学，是由家长带着孩子在游玩的过程中学习知识、提高能力、构建思维的活动，远到出国旅行，近到在小区里玩耍，都属于亲子研学的领域。

分享一个小故事。通常我们带孩子去户外玩，看到小鸟停在树上，会告诉孩子：这是喜鹊，这是乌鸦，这是杜鹃。当孩子能很快分辨出不同的鸟，并叫出它们的名字，我们会夸赞孩子聪明。从前，有个美国的小朋友在树林里看到一只鸟，他爸爸说："那是斯氏莺，在意大利它叫'查图拉皮提达'。在葡萄牙，它叫'波姆达培达'。它的中文名字是'春兰鸫'，日文名字则叫'卡塔诺·塔凯达'……"

紧接着，爸爸又说："即便你能背出它在世界各地的叫法，可对这种鸟的其他属性、特征仍不了解。你只是知道不同地方的人是这么叫它的，却不知道它吃什么、能飞多高、怎么筑巢。所以我们还是来观察一下这只鸟吧，看看它在做什么，长什么样，喜欢什么……"就这样，爸爸一边启发，一边问了很多问题。

这个小朋友的名字是理查德·费曼（图4），日后的诺贝尔奖获得者，他发明的"费曼学习法"被公认为世界上最好的学习方法之一。

在费曼晚年的访谈和回忆录中，他深情地回忆起这个小故事，说自己很清楚，爸爸并不知道那只鸟的名字，其他外国名字也是瞎编的，但父亲让他从小就懂得，知道某个事物与真正深入了解这一事物的区别。

作为一个小时候IQ测试仅126分的"普通孩子"，费曼说，爸爸的教育理念让他受益终身。仅仅"知道"，并不能让你真正了解一个事物，通过观察和探究，明白"怎么样"和"为什么"之后，才算是真正的了解。而只有看得见、摸得到的，才能帮助你感受到事物的本质。

图4 ｜ 笔者给大学生讲理查德·费曼与儿子卡尔一起感受音乐（1960 年）的故事

从知识吸收的角度来看，百闻不如一见，百见不如一干。听人家说不如自己去看，看一百遍，不如亲手去做一遍，实践出真知。这也是陆游说的"纸上得来终觉浅，绝知此事要躬行"。在实践中学习才是最有效的。

我们接收外界信息的器官，也就是所谓的六根——眼、耳、鼻、舌、身、意。在学习时，六根是这样运作的：用眼睛看，用耳朵听，用鼻子闻，用嘴去尝一尝，用我们的身体和大脑去感受和思考。而通过研学活动，孩子就可以在沉浸的环境里，把六根都调动起来，这正是游、学、思相互促进的最佳环境。

回想一下我们生活中的实际情况：如果想学游泳，去看一本教你如何游泳的书，永远不如自己下水去试试来得高效。很多时候看书觉得懂了，到实际中却又迷失了，所以只有在实践中领会了，才是真正的懂了、理解了。

从知识形成的角度来看，阅读和研学是帮助知识形成的两种重要途径，两者相互补充，相互促进，所谓"读万卷书，行万里路"。书本中的知识和经验，都是前人总结的对事物的认知，是前人过去的观点。也就是说，我们读的书其实都是过去式，而随着社会发展，我们更多地要解决新的问题，用过去的知识来面对未来的变化是远远不够的。

我们处在一个高度复杂的、不确定的技术大爆炸时代，过去互联网时代的发展和普及用了 20 年，而现在移动互联网的普及只用了 5 年。我们必须重新思考，给孩子什么，才能让他／她们更好地适应未来，成为他／她们想成为的自己。

外部环境对大脑发育的影响

刚出生的婴儿，大脑重约 340 克，1 岁时可达到 900 克，3 岁时则达到 1 100 克，接近成人大脑重量的 80%，4 岁时就可以达到成人的 90%。6 岁以后，大脑的重量增长极为有限，但大脑的发育却相当迅速。

大脑中最多的是神经细胞，一个成人的大脑约有 140 亿个神经细胞，大约相当于银河系星星的数量。那么，所有人的细胞数量相近，可为什么智力发展程度却不同呢？

根据现代脑科学的研究，造成人们智力水平不同的核心原因并不是神经细胞的数量，而是神经细胞结构的差异，即神经元上树突的多少及其连接方式的不同。而影响神经细胞结构的因素，除了营养、年龄之外，还有外界的刺激因素。也就是说，一个人在儿童时期接触的环境刺激越多，他/她的神经细胞产生的连接就越多，大脑发育也就越快。外部刺激丰富与否，会影响大脑成长的动态变化过程。这一点在对动物和人类的研究中均得到了证明。

所谓丰富的刺激，其实就是视、听、触、嗅、味等各种感官方面的刺激。脑科学发现，与成人大脑相比，3 岁孩子的大脑细胞中的连接（即突触）是成人的 2 倍，活跃程度是成人的 2.5 倍。这就能够解释，为什么这个年龄段的孩子总是会问各种"为什么"，他 / 她们生来就是探索家。

这些数量为成人 2 倍的突触连接会遵循"用进废退"的原则：一个突触连接被使用的机会越多，就越有可能被永久保留下来，而那些不被经常使用的突触通常会枯萎或者死亡。因此，抓住大脑活动的关键期，用可以调动各种感官刺激的真实环境给予适当的训练，对于幼儿大脑的发育至关重要。

说到这里，我想很多家长可以更加深刻地理解亲子研学的重要性，比如一些三四岁的孩子，天天在家看电视，或者跟着老人在牌桌旁玩，他 / 她们这时还没有学习的压力，看似比较省心，但这绝不代表家长可以在此时放养孩子。在大人不经意地进行某些行为时，那颗小脑袋正在发生着你难以想象的巨大变化。这也是我不建议大家把孩子完全丢给老人或者保姆的原因。

到 14 岁，儿童大脑中的突触连接数目就和成年人大致相当了。通过这样的演变，大脑在处理信息时会变得效率很高，这时一个人思维、感觉和行动的方式也逐步确定下来。

真实的环境尤为重要，但在生活中我们往往会迷失，捡了芝麻，丢了西瓜。大部分人都习惯对身边的事物熟视无睹，对可能的学习契机视而不见。习惯于认为完成学校布置的数学作业才是学习，忘了让孩子在购物时算价格也是学习；习惯于认为上培训班学画画是美育，不知道孩子认真地观察一棵树、一株花时也是美育；习惯于认为会答题是核心能力，忽略了当孩子想办法解决生活中的问题时，也是在训练自己的能力。

看见孩子的未来

如果把人的一生分为童年、青年、中年和老年 4 个阶段，人在这 4 个阶段面临的复杂性各不相同。

童年是人的一生中最有想象力的时期，儿童的未来具有无限的可能性。但是，童年也是一个人最脆弱的一段时期，缺乏人生经验、身体发育尚未完成。

进入青年时期，人的未来发展的不确定性仍然很高，但是知识体系已形成习惯路径。青年人有强健的体魄和强大的学习能力，一旦看懂未来，踏实努力，终将成就人生。

人到中年以后，由于工作和生活中形成的沉没成本，未来发展的不确定性迅速降低，同时遇到的是来自生活、事业、家庭的压力与瓶颈。

进入老年阶段，人的未来发展的不确定性会进一步降低，老年人不再选择冒险，新陈代谢的速度也放慢，关于人生发展的可能性降到最低。

心理学家和神经科学家已经发现，一个人从婴儿到儿童，能够学习的东西其实比我们所认为得更多，孩子能够幻想更多、关心更多、经历更多，从某种意义上来说，年幼的孩子其实比成人更加聪明，更富有想象力，甚至更为敏感，这个年龄段是接触世界、感受世界的最佳时期。

这一结论，从哈佛大学儿童发展中心的人类大脑发展曲线图也可以看出来（图5）。3至8岁是孩子思维发展的高峰期，这个阶段的孩子具有科学家一般的好奇心、求知欲和探索精神。如果家长能够抓住这个阶段，带孩子做好亲子研学，效果会事半功倍，对孩子终身的思维能力培养都会起到关键的作用。

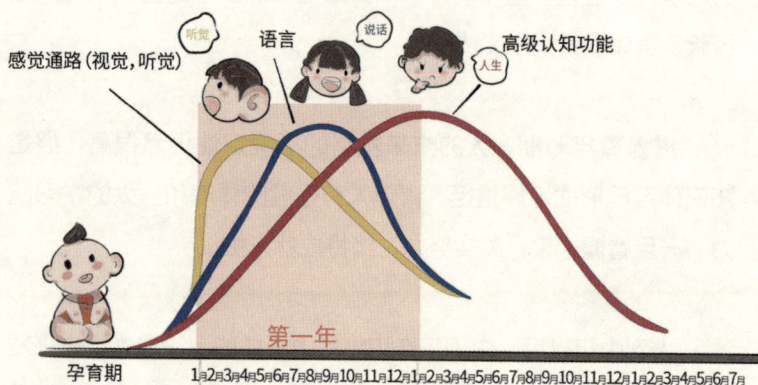

图5 ｜ 哈佛大学儿童发展中心制作的人类大脑发展曲线图

2004年，国际心智、脑和教育学会（International Mind, Brain and Education Society，简称 IMBES）着手整合认知神经科学、心理学和教育学三大领域，得出一些结论。

每个儿童的心智和大脑能力都是独一无二的，是由儿童的经验和这些经验所处的情境共同塑造的；儿童天生要寻找意义，意义为他／她学习新事物提供了内动力；发现问题、解决问题、反思与解释，让儿童形成了勇于冒险和挑战的心智习惯；所以成长的首要条件是未成熟的状态，学生在学习过程中出错是一种重要的学习要素，在错误中学生会发展他／她的判断力和创造力。可见，儿童的知识是通过他／她的心理结构与环境之间反复的、不断扩大的、相互作用的活动而构建的，教育绝不仅仅是讲述。

从认知神经科学、实证研究等多元视角看，真实的环境更能促进孩子大脑发育，也让孩子的学习更专注，更具有主动性和投入性，同时对关键概念的理解更加透彻、持久，更容易在新情境中进行概念迁移。

四大教育理念之一的瑞吉欧教育法也认为，环境是孩子的第三位老师。所以，利用好亲子研学，抓住孩子大脑发育的敏感时期尤为重要。真实的生活，为孩子的成长和学习提供了无穷的机会。但要把孩子的疑问、好奇、兴趣，变成高质量的学习，需要家长在项目设计和引导的过程中，平衡和协调诸多矛盾。正因为如此，对于亲子研学方法的学习，才变得重要起来。

得益于当今社会的高速发展，相比于过去的年代，我们的孩子都具备了见多识广的条件，还想做多大的拓展，我觉得每个家庭根据实际情况，量力而行就好。见微知著则显得尤为重要，因为见微知著是打开各个锁的钥匙。掌握了见微知著的方法和本领，孩子就可以随时拿着钥匙，去打开更多的锁。

我相信，大家不管在哪个城市，是什么样的家庭条件，都有能力去做好亲子研学，我们也应该尽自己最大的努力去做好亲子研学。

研学资料卡

本章最后，为大家介绍一些亲子研学相关的教育概念，供大家参考。

*游学

指离开自己熟悉的环境，到新的环境里进行学习和游玩，既不是单纯的旅游，也不是简单的学习，而是在体验当中学习。

*研学

有计划地组织，与真实场景紧密结合，通过体验性学习与研究性学习，达到校外教育培养的目标。研学强调带着任务、目的去考察，旅游侧重游玩。研学最终目的是帮助孩子成长，其归宿是教育。

*体验性学习

体验性学习类似于骑自行车、游泳等，要在实践中学习。研学是一种体验性学习，它需要符合体验性学习的四个核心要素。

1. 在真实的环境中完成，不能为了达成结果而伪造环境。

有一些学校在组织挖红薯的活动时，担心学生挖不到红薯会不开心，于是提前将红薯埋在地里，这与研学的真实性理念相违背。因为在真实的情况中，不是每一棵红薯苗下都有红薯。

2. 亲自体验，获得直接经验。小学生不会穿衣服，中学生不会系鞋带，大学生不会收拾书包，这些"巨婴症"背后是家长的过度代劳。通过直接的体验收获，孩子才能内化于心，外化于行。

3. 调动视觉、听觉、嗅觉、味觉和触觉参与，做到沉浸式学习，形成对事物全方位的认知。

4. 通过反思与分享，获得在认知、情感等方面的成长。体验性学习不是为了动手而动手、为了体验而体验，研学过程中的体验性学习最终指向的是孩子的成长。让孩子通过动手体验到知识与技能，掌握方法，获得启发和感悟，提高素养，这是体验性学习的目标。

* 项目化学习

项目化学习（project based learning，简称 PBL），源于 1958 年美国医学院的一种做法，即通过多科会诊治疗疑难杂症的研究项目，试图解决真实情境中的非良构问题。其核心包括两个部分：一是用来组织和推进活动的真实问题；二是最终形成的问题解决方案或产品。

项目化学习强调真实情境、复杂问题、超越学科、专业设计、合作完成、成果导向及评价跟进。STEAM 是跨学科项目化学习的一种，是运用项目化学习的设计方法在科学（science）、技术（technology）、工程（engineering）、艺术（art）、数学（mathematics）领域进行设计。我们可以通过亲子研学来实现项目化学习，这需要精心设计项目过程。在这个过程中，孩子对真实的、复杂的问题进行探究，从中获得知识和技能。

研学小贴士：目的地畅想

　　与孩子一起，罗列出他／她们最想去的 3 个目的地，然后花一点时间来思考，陪伴孩子写下想去这些目的地的原因，对这些地方的印象、了解和想象。描述自己脑海中浮现的景象、气味和声音。也可以用画图的方式来表达孩子脑海中的想象。

　　再长的路，一步步也能走完；再短的路，不迈开双脚也无法到达！

第二章

你真的了解自己的孩子吗

每个人都是天才。
但如果你用爬树的能力评判一条鱼，
它将终其一生觉得自己是个笨蛋。

——爱因斯坦

提到带孩子出门研学，你的脑海里首先会涌现的，可能是一大堆物品清单：衣服、食品、玩具、雨具、防蚊水、创可贴……作为父母，我们总是为孩子的外在条件和环境操碎了心，以表达自己无限的爱意。但是，在这个过程中，有一条非常重要的教育理念被我们有意无意地忽视了，那便是——懂孩子是正确爱孩子的第一步。

教育专家说过：在这个世上，没有不听话的孩子，只有不会说话的父母；没有不好的孩子，只有不合格的家长。的确，每个孩子都是独一无二的，读懂孩子需要智慧。

当孩子还在妈妈腹中，我们总是能用心去感受生命的躁动，那时孩子虽然还听不懂我们关心的话语，但彼此却能交流心声；当孩子呱呱坠地，我们能够用心去理解孩子的哭声，关心他/她是饿了还是渴了；当孩子爬起、坐起，我们能用心去解读他/她忽闪的眼睛，用心教他/她迈出小小却又坚强的一步又一步。

但是，日复一日，我们渐渐忘了那个独一无二的孩子，开始以我们关心的标准为中心——与他人的比较、老师的评价、所谓的排名、钢琴的指法……我们越来越强烈地希望孩子按照要求去思考、去行动、去完成任务，却忽略了他/她心中的疑问、好奇与乐趣。孩子在慢慢长大，而作为父母，我们也应该自问，自己是否也在成长，还是停留在原地，忘掉了作为父母应有的对孩子的理解。亲子研学的目的之一，也是为了让父母能够更多、更深入地理解孩子。

想要策划一场"懂孩子"的亲子研学活动，需要理解并掌握三个要点：第一，我们需要理解孩子大脑里的知识是如何建构的；第二，成长都是有规律的，我们应该明白特定年龄段孩子的共性特点；第三，我们的孩子都是独一无二的，我们需要抛掉自己既有的观点，重新蹲下来认真地看看自己的孩子。

只有当我们抛开高高在上的身份，真正读懂孩子的需求，家庭教育才能行之有效。我们必须意识到，孩子是一个独立的个体，他／她有他／她的视野，有他／她的所爱。而亲子研学将发挥协助孩子构建思维和能力的作用，终有一天，这种隐形的潜能将发展为显性的能力。

知识是如何建构的

随着时间的推移，人们对儿童大脑发育机制有了越来越深入的认知。

瑞士儿童心理专家让·皮亚杰，是儿童发生认识论的开创者，他的大量研究提供了儿童心理发展的丰富材料。他的许多著作探究了儿童认知的诸多方面，包括儿童的语言和思想、儿童关于世界的概念、儿童的判断和推理、儿童智慧的起源、儿童现实概念的构成、儿童符号的形成等，对我们理解儿童的思维有深刻的启发。

皮亚杰提出一个重大的发现：知识的本质是相对的、深层的、建构的。智力和思维起源于主体（人）和客体（身边的事物）的相互作用，主体通过动作对客体的适应，是心理发展的真正的原因。

在亲子研学活动中，主体当然是孩子，客体则是孩子在研学过程中周遭的环境，两者的交互形成了一个动态的过程：孩子在这个世界中去探索，与周遭的环境发生相互作用，按照一定的规律在大脑中不断组织信息，发展出大脑内的一张大图（心理学上称之为"图式"），这张大图就是孩子在某一个时刻的知识结构。这张大图在孩子成长的过程中不断丰富，不同的孩子因为经历的过程（外在环境）

不同，于是组织、丰富图式的方式（思维和能力）也不同，最终会成长为不同的人。

每个孩子都有自己独特的学习方式。很多家长可能会认为，好好学习的方式就应该是乖乖地坐在书桌前，一动不动地看书、写作业。但这并不符合大部分孩子的认知习惯与规律，有的孩子就是需要一边学习、一边乱动、一边画画、一边做小动作，才能够学得更好。研究表明，不同孩子能高效适应的学习方式也不同，有些孩子通过视觉加深记忆，有的是通过听觉，有的则是通过运动和实际操作来学习。基于这一点，亲子研学的方法可以最大限度地丰富孩子大脑中的大图。

亲子研学的方法强调在教育活动中，要调动眼、耳、鼻、舌、身、意的交互作用，打开孩子的发动机，从而构建他/她自己的思维方式，高效完善图式。这比被动地输入高效得多，虽然表面上可能无法立刻看出来。可以说，当孩子打开发动机模式的时候，这张大图就会随着孩子的兴趣、爱好不断地自我生长起来。我们一起来看一下这张图是如何被不断丰富的。

前面提到，每个孩子在成长的各个阶段，都有一种已有的认知结构，可称之为"图式"。当孩子进行新的探索时，会遇到新的输入，这时就产生了一种冲突和不平衡，孩子需要主动地去适应，适应的过程包括"同化"和"顺应"两种方式，完成之后，认知会再次达到一个新的平衡，孩子的大脑于是产生新的建构，形成新的图式。

先来看看什么是同化（图6）。举一个生活中的例子，假设

大狼狗　　　　　小狗

图6 | 认知的同化现象

孩子已经认识了狗，有一天我们带着孩子出去玩，看到了一只大狼狗，孩子向妈妈大喊，你看这只狗！你跟她说，对呀，这是一只狗，而且还是一只大狼狗呢！孩子一看，就会发现，原来狗可以跟大小的因素加在一起！再仔细看看，这只狗好像跟原来理解的狗长得不大一样，于是他／她脑海里会在已有基础上生出一种新的细分认知——大狼狗。

同化，是一种量变的过程，是已有图式的不断创新、迭代和丰富。

再来说顺应，顺应也是在遇到冲突和不平衡时发生的。我们还是用刚才那个例子，孩子对狗的认知还是过去见过的样子，这时我们带孩子出去玩，他／她第一次看到一只小兔子，可能会问，妈妈，这是狗吗？这个时候，你认真地跟他／她说：孩子呀，这可不是狗，是一只兔子，兔子和狗的区别在哪里呢？你看看，它的耳朵长长的，是竖起来的；再看看，它的身体是不是也和狗不一样，尾巴短短的，体型比较小，跳起来一蹦一蹦的，我们叫它兔子。这时，孩子脑海中新增的认知不属于原先的领域，这个思维过程就是顺应（图7）。

图7 | 认知的顺应现象

这种不平衡和冲突的过程会带来质变，孩子会从已有的对狗的认知，链接出一种新的认知——兔子。这时他/她脑海中有两个图式，一个是已有的狗，一个是新的兔子。

同化和顺应就是孩子去处理不平衡与冲突的适应过程，前者是一个量变的过程，是在已有的图式上不断地丰富其内涵；后者是改变已有的图式，生长出一个新的图式（图8）。

图8 | 认知中图式的形成

由此可知，孩子天生就具有学习能力，他／她的思维反复地跟环境发生相互作用，并通过自己的活动和学习，不断去发现新的问题，引起不平衡，找到解决办法，达到更高水平的理解。这就是孩子自我调节的学习过程。

所以，进行亲子研学，我们首先要利用好孩子的现有基础，让他／她的思维与环境相互作用，不断生长出新的图式；此外，我们还要通过引导，让他／她与环境的交互更加高效。

想要开展优质的亲子研学，我们要理解孩子的认知规律，尊重儿童的认知发展过程，只有这样，才能够适应儿童的自然能力和阶段性限度。如果违背了这一点，人为地去改变，把成人规则强加于儿童，其实会妨碍儿童的发展和学习。

我们可以这样去理解：每个孩子都在给自己的认知搭建房子，我们家长希望帮帮忙，想给房子搭建一个脚手架，那我们的脚手架应该搭在哪里呢？你需要去看看孩子现在的房子搭到哪里了，如果孩子在 1 层，那脚手架就该搭在 1 层和 2 层之间，如果搭在了 5 层，那么你的帮助会对孩子有用吗？

记得我有一个好朋友，是清华大学的学霸，当了妈妈以后特别强势，她认为国学教育对孩子的传统文化启蒙特别好，就把 4 岁的女儿送去北京郊区的一个私塾，那里真的是闻鸡起舞、悬梁刺股，所以孩子很小的时候，就会背诵很多经典，如四书五经，现在孩子大了，反而对传统文化和各种经典特别排斥。去年夏天，孩子妈妈又打算让她暑假去私塾回炉，这下孩子爆发了，哭着说：有一种痛，叫作我妈不懂我的痛。

其实我的朋友忽略了，闻鸡起舞和悬梁刺股，本身都源于一种强大的内驱力，而四书五经对于一个房子盖到一层的孩子而言，完全就是逼迫。最后的结果就是，孩子心里那些原本还有的小小的喜欢，都早早熄灭了。

所以我们需要不断地强调：懂孩子是正确爱孩子的第一步。

在亲子研学中，学习新知识就是要制造冲突和不平衡，无论是同化还是顺应，都是基于已有的图式。作为父母，我们需要把握好孩子思维中已有的图式，一步一步地去构建学习的台阶。不去了解孩子已有的知识结构，只凭家长的臆想强加于孩子的知识，都是不切实际、天方夜谭的，既不能给孩子带来兴趣，又给孩子和家长带来双重的挫败感。

所以，进行亲子研学，千万不能大跨步地上台阶。我们非常有必要去深度地了解我们的孩子，这也就是所谓的因材施教。

孩子的成长有共性吗

　　美国教育学家格伦多曼说过，幼儿早期的智力开发不能忽视其生理成熟度，幼儿的身心发展是有先后次序的，早期教育必须在适宜的生理成熟度的基础上进行适时的训练，才能取得好的效果。可见，每个年龄阶段都会有基于生理成熟度的共性体现。

　　要深度地了解孩子，我们需要掌握儿童成长的共性。我们已经知道，孩子都是带着巨大的潜能出生的，他 / 她会以力所能及的方式探索周边的环境。想想我们带孩子的经历，孩子是不是从来都没有消停过呀？我自己的感受是，孩子的能量很充足，妹妹暖心看到水坑一定会进去踩，家里每次来了包裹也都会抢先打开，生活中的她总是能发现十万个为什么……比她大 3 岁的姐姐舒心，情况就有了很多变化，10 岁的她已经有了很好的规则意识，能够细致地观察，并结合各种资料寻找答案。而对于我，最好的方式就是安排各种活动，让她们释放能量，获得成长。

　　孩子的这种好动性，在不同的年龄阶段又会有各自的特点。

0—2 岁：感知运动阶段

　　按照儿童成长的规律，0 至 2 岁被称为感知运动阶段。在这个时候，孩子最初的反射和反应活动会慢慢变成能够协调感觉、知觉和动作的活动。幼儿最初的这种反射结合成可重复的动作，也就开始了智力的发展过程。你可以想想，这个阶段的孩子是不是喜欢一遍又一遍地重复呀？比如 2 岁的宝宝会缠着你一遍遍讲同一个故事。我印象最深刻的是舒心姐姐在这个年龄阶段，最喜欢的玩具是一个塑料水瓶，她会一遍又一遍地去盖上盖子，然后拧下来，再盖上。暖心妹妹在这个年龄段，获得了她最喜欢的串珠子玩具，所以每天用自己笨拙的小手，把木头珠子串起来又拆掉，这成了她最快乐的时光。

孩子到 1 岁半左右，会发生很大的跨越，即对客体的永恒性的认识。1 岁半以前，孩子看不到一个物体，会认为它消失了、不存在了，所以你把一个东西藏起来，使其从孩子的视野里消失，他 / 她也不会去寻找。但是进入 1 岁半以后，孩子会逐渐发现，东西其实是客体，是永恒存在的，这时当你把一个玩具藏起来，他 / 她会迅速地去某个地方寻找。所以在后一阶段，用亲子研学的方式跟孩子玩"找一找"的游戏，就会特别有意思。

记得舒心、暖心在这个阶段的时候，我会充分使用描述和解释性的语言，来帮助孩子在"找一找"游戏中探索知识。"硬硬的、方方的、五颜六色的、会发出音乐的小盒子在哪里？""那个白色的、毛茸茸的、长着长耳朵和短尾巴的小宝宝上了你的小床啦！""消失的狗狗去哪里了？它到了一个软绵绵、很温暖的地方……"在这个阶段的后半期，孩子具备了一些亲子研学的能力，主要有以下特征。

1. 喜欢观察常见的事物，对认识这些事物感兴趣。

2. 开始探索少数常见的动物、植物，并开始了解它们与人、环境的关系。

3. 能够感知四季明显的特征及下雨、下雪等自然现象，体会到诸如天气冷了要多穿衣服、热了要少穿衣服等人与自然的关系。

4. 能初步了解物体的滚、转、停，以及人们的推、拉对物体的作用。

5. 能初步感知水、沙、泥土的特性。

6. 开始按照物体的名称或者某一特征进行归类。

7. 可以用词汇或简单的句子描述自己的发现和事物的特点。

2—7 岁：前运算阶段

在 2 至 7 岁，孩子就进入前运算阶段，这是儿童想象力最丰富的一段时间，他 / 她会认为万物有灵，所有的东西都跟人类一样，是有生命的。

这个时期的孩子还有其他几个特点，比如以自我为中心。科学家通过实验发现，这个年龄阶段的孩子很难去换位思考，如站在另外一个视角去看待问题，他 / 她经常是以自我为中心的。同时他 / 她的思维还不可逆，举个简单的例子：这个年龄段的孩子，你问他 / 她，你的姐姐是谁？他 / 她能很快地回答出来，但是如果你问他 / 她，你姐姐的弟弟是谁呢？他 / 她却很难倒过来理解，这就是思维不可逆的一种情形（图 9）。

还有，这个时期的孩子很难去理解一些恒定不变的规律。科学家做了一个实验，把牛奶从一个杯子倒入一个细长的量杯里面，观察孩子们的反应，大多数孩子都认为牛奶发生了改变。在

妈妈说姐姐有个弟弟，
可是我的姐姐的弟弟是谁呢？

图 9 ｜ 思维不可逆

这个年龄阶段，孩子的思维具有一定的刻板性和集中化特性。

具体来看，2 至 4 岁的孩子大多会呈现以下几种特征。

1. 非常喜欢自然界，并开始探索饲养和种植等行为。

2. 喜欢并且很关心身边的动物、植物，感受到事物的多样性。

3. 能够运用自己的各种感官发展感知能力。

4. 特别喜欢观察日常生活中的一些物品的特征，思考它们的用途。

5. 喜欢接触沙、水、冰、土等自然物，会感知它们的简单特性并尝试改变它们的形态。

从思维的发展看，孩子从出生到 4 岁左右，都处于具象思维阶段，也就是说，要看到或摸到实实在在的东西，才能对这件事情有印象、感觉。所以亲子研学提倡大家带孩子出去走走看看，激发孩子的兴趣。不一定要去很远的地方，只要是孩子没见过的，都是好的，不能去马尔代夫的沙滩，那就去看看北戴河的沙滩，对于孩子来说其实没那么大区别。

而在 4 至 7 岁，孩子最大的变化是：经过之前的探索，他 /
她已经有了一些感性的经验，发展了自己的观察力，形成了自己的
一些判断标准，并且能够操作一些简单的工具。在这个阶段，孩子
也开始了解科技产品与人的关系，能够就自己的思想与大人交流。

7—16 岁：具体和形式运算阶段

在 7 至 11 岁这个阶段，孩子已经进入学校的教育体系，亲
子研学可以结合学校的教育内容，给予实践、实操，帮助孩子加
深理解，学以致用。

在这个具体运算阶段，孩子的学习能力有了很大的提升。首
先，孩子开始探索本质规律，尝试去理解守恒——物体具有一些
固定的属性，不随其外在的形态而变化；同时在这个年龄阶段，孩
子的思维具有可逆性，遇到同样的问题时，会寻找不一样的解决办
法；而且孩子也开始去自我中心，可以站在更多的视角思考问题。

而在 11 至 16 岁，孩子已进入形式运算阶段，更多的研学
活动会在学校中完成，教育改革的方向，就是要逐步实现"在项
目和实验中学习"。这时孩子的思维会更加丰富，具有可逆性、
补偿性和灵活性，他 / 她能够进行抽象的逻辑处理，能够进行假
设、演绎和推理。

了解孩子成长的共性规律，才能够帮助我们更好地在个性特
点上理解我们的孩子。

抓住敏感期

教育家蒙台梭利认为，孩子在每个特定的时期都有一种特殊的感受能力，促使他 / 她对环境中的一些事物特别敏感，对有关的事物注意力很集中。家长只要识别和跟随孩子的这种冲动，就会激发出他 / 她本身的创造潜力。这段敏感期的跨度很长，大概是从出生到 6 岁，甚至会延迟到 12 岁。当孩子在敏感期里学会自我调节，并掌握某些东西，这段时间就会像一束光般从内部射出来，像电池一样为孩子提供能量。

我们结合亲子研学的真实环境，来看看在不同的敏感期，家长分别可以做些什么。

语言敏感期（0—6 岁）

当婴儿开始注视大人说话的嘴型，并发出咿咿呀呀的声音，他 / 她就开始了自己的语言敏感期。

0 至 1 岁是语言的储存期，语言的刺激越早越好。我们要注意为孩子营造温馨的谈话氛围，既要有规范的普通话，也可以有地道的方言，这些都是环境给孩子的刺激。

1 至 2 岁是补充表达期，这个阶段孩子会说一些"电报句"，比如"妈妈，出去"，其实是想表达"妈妈，我想出去玩"，这时家长可以把这句话补充完整，说给他/她听，这样会渐渐引导孩子清晰地说出需要。家长还可以通过提问，让孩子从被动地听转变为主动地说。尽量使用规范用语，不要用宝宝语，比如"吃饭饭""睡觉觉"之类的。在这个阶段带孩子出去时，既要帮助孩子做好语言补充，也要开始适当地向孩子提问。

2至3岁是完整表达期，我们应该鼓励宝宝在日常生活中使用礼貌用语，比如在餐厅点餐、去超市购物、到银行取钱时，都可以鼓励孩子礼貌地表达。在亲子研学中，还可以设置诗词朗诵、绘本阅读等活动，鼓励孩子完整地表达。

3至6岁是顺畅表达期，这时宝宝常常会自言自语。我们不要去干扰他/她，更不要笑他/她，要给孩子创造机会，让他/她充分地表达。在亲子研学中，可以让孩子当小讲解员，回家后请他/她给爷爷奶奶讲讲故事，鼓励他/她进行完整、顺畅的表达。

秩序敏感期（2—4岁）

在这个阶段，孩子需要一个有秩序的环境来帮助自己认识事物、熟悉环境。蒙台梭利发现，孩子会因为无法适应环境而害怕、哭泣，甚至大发脾气，"对秩序的要求"是幼儿极为明显的一种敏感力。如果成人未能提供一个有序的环境，孩子便"没有基础建立对各种关系的知觉"。当孩子从环境中逐步建立内在秩序时，智能也在逐步建构。

所以在这段时间，我们应该给孩子提供一个有秩序的成长环境，比如有固定的抚养人，在日常生活里有规律地吃饭、散步、听音乐、讲故事。这样的秩序环境，会给孩子带来极大的安全感。

感官敏感期（0—6岁）

孩子从出生起，就会借着听觉、视觉、味觉、触觉等感官来熟悉环境、了解事物。3岁前，孩子通过潜意识的"吸收性心智"认识周围事物；3至6岁，孩子能够通过感官判断环境中的事物。

在亲子研学中，我们要随时引导孩子运用五官感受周围的事物，比如让孩子尝一尝或闻一闻不同的味道，听听大自然的声音等。尤其当孩子充满探索欲望时，只要没有危险性或不侵犯他人、他物，都应该尽可能满足孩子的需要。比如1岁以下的孩子喜欢把东西放在嘴里尝一尝，这其实就是他／她探索世界的一种方式，弗洛伊德认为这是儿童心理发展阶段之一——"口欲期"的表现。

对细微事物感兴趣的敏感期（1.5—4岁）

在这个时期，孩子对小物品和事物的细节非常感兴趣。忙碌的大人常会忽略周边环境中的细小事物，但孩子们却常能捕捉到其中的奥秘。孩子对泥土里的小昆虫、衣服上的细小图案产生兴趣的时候，正是我们培养他／她"见微知著"能力的好时机。

这段时间也是注意力的发展时期，孩子们可能会喜欢一些脏乱的东西。我们不要常常去喝止，或者总是跟在后面不停说话、打扰。否则孩子总是得应付家长，完全没有办法沉浸在自己的事情里，这样会破坏对"见微知著"能力的培养。

运动敏感期（0—12岁）

运动敏感期主要包括三个阶段。

从出生到两岁半，是大肌肉和精细肌肉发展的敏感期，大肌肉运动就是"三翻六坐七爬"，精细动作包括抓、握、捏、指、触摸等，可以促进精细肌肉发展。这些运动能力都可以在亲子研学中去锻炼。

2至3岁的幼儿和4至6岁的学龄前儿童，骨骼弹性较好，关节延伸的幅度大，可塑性强。这个阶段是孩子柔韧性发展的关键时期，可以适当给孩子安排一些柔韧性的锻炼活动。

运动技能学习的关键时期是在6至12岁，也就是小学阶段。这是儿童各项身体素质发育的关键敏感期，孩子的运动能力发展得非常快，大脑特别灵敏，可塑性强。其中8至10岁是个体神经系统发育的敏感期，是对各项运动技能"一学即会"的黄金年龄。

社会规范敏感期（2.5—6岁）

在这个阶段，礼貌的态度和得体的行为举止，会转化为孩子们的内在品质。就像两岁半前的孩子会喜欢自己玩，一个人拿着玩具探索；到了两岁半以后，他／她就渐渐改变了，不再以自我为中心，逐渐表现出对结交朋友、群体性活动的向往，喜欢去小朋友扎堆的地方玩。

这个阶段，我们可以利用亲子研学帮助孩子明确生活规范，学习日常礼节，比如怎样与小朋友分享、合作，并使用礼貌用语。这样孩子长大以后，会更自觉地遵守社会规范，进行自我约束。

书写敏感期（3.5—6岁）

蒙台梭利发现，孩子的书写敏感期早于阅读敏感期。留心观察的家长会发现，孩子很早就会喜欢涂涂画画。2至6岁是儿童握笔动作与技能迅速发展的阶段。从动作上看，2至3岁的孩子只能握住靠近笔尖的部位，主要依靠肩关节的活动来进行绘画和书写。他／她喜欢在纸上点点儿、戳纸，画的线条常超出纸的边界。随着能力的发展，孩子开始学会用肘部控制笔的运动，画一些不规则的圆，或其他形状，最后，孩子能够学会用手指控制笔的运动。

通过亲子研学，我们也可以鼓励孩子创作，锻炼其书写能力。不过，我们不应该强求孩子按照大人的标准画或写"好"，要对孩子的书写行为给予肯定和赞赏。

阅读敏感期（4.5—5.5岁）

孩子的阅读敏感期虽然出现得比较迟，但如果在语言、感官、动作等敏感期内，孩子的各种能力得到充分的发展和挖掘，那么他／她的阅读能力会自然而然地产生。这时父母可以给孩子布置一个充满阅读氛围的环境，这不止于提供尽量多的书籍，还要注重兴趣的激发。

这个阶段，孩子会同时对文字的发音、汉字的结构、英文的拼写感兴趣。我们可以通过亲子研学，让孩子在生活中认字，这样他／她的记忆会更深刻。

文化、知识敏感期（6—9岁）

蒙台梭利说，儿童学习兴趣的萌芽出现在3岁左右。6至9岁，孩子会开始对探究事物产生浓厚的兴趣和强烈的愿望，这时孩子的大脑已经做好准备接受一切来自自然界的知识。

这个时期的孩子对动植物表现出关怀，对风土人情、历史文化、天文地理开始感兴趣。在这个时期进行的亲子研学，孩子会很快接收，并内化为自己的知识。

空间敏感期（1—6岁）

空间敏感期持续的时间很长，伴随着运动能力的变化，孩子的行为特征也会发生改变。

比如1至3岁的小朋友，对小洞洞有着浓厚的兴趣；3至4岁的孩子开始喜欢垒高高、钻箱子，对三维、立体的东西产生兴趣；5 至 6 岁的孩子对楼梯、滑梯、攀爬、迷宫有着强烈的爱好。通过对这些行为的身体感知，儿童完成了他们对空间的认识，建立起从简单到复杂的空间概念。

我们可以通过亲子研学，在孩子的空间敏感期内给他 / 她充分的刺激，让他 / 她对大小、长短、内外、高低、空间形状等有强烈的感知，由此帮助他 / 她形成空间智能。空间智能对孩子以后的学业很重要，比如中学要学习平面几何、立体几何，大学要学习机械制图、三维设计等。

音乐敏感期（1—7 岁）

音乐敏感期呈现出螺旋式发展的特点。最初的表现是，孩子喜欢节奏，1 岁多的孩子能够跟着音乐的节拍扭动自己的身体；2 岁的孩子就能把握好节奏；3 到 4 岁时，儿童开始对简单而重复的旋律感兴趣；5 至 6 岁时，孩子开始能够选择自己喜欢的音乐，并自发地用动作表达旋律较为复杂的音乐；6 至 8 岁的儿童，已经能体会音乐带来的美妙感受，可以深深地沉浸在音乐中。

各种艺术的敏感期，都有一个共同的特点：环境的影响非常重要。孩子首先发展的是感知力，然后才是表达力，亲子研学可以给孩子提供一个高品质的环境，帮助孩子感知生活和自然中的美。有了对美的感知，孩子才能形成具有强烈感染力的艺术表达。

当孩子开始表达，我们要做的是减少约束，抛开是非对错的判断，鼓励孩子自由地、个性化地表达。

数学敏感期（4—7 岁）

孩子到了 4 岁多，总是喜欢问，这是几个东西，现在几点，广场上有几个人……这是因为他 / 她对数量、数字产生了浓厚的兴趣，但这时孩子的数学智能刚刚开始发展，还不能完全理解逻辑。我们可以通过亲子研学来锻炼孩子的数字能力，甚至是财商能力，比如让孩子去超市购物、决策自己的购买行为等。

在亲子研学活动中，我们可以充分结合各种能力的敏感期，对孩子进行针对性的引导和锻炼。我们也要提醒自己遵循孩子的发展规律，不要用大人的眼光和评价标准打乱孩子的自然成长。

发现孩子的独一无二

了解孩子的成长共性之后，接下来我们需要进入下一步，也就是在了解成长共性的基础之上，探索和发现孩子的特性。

作为有两个孩子的家长，我对此深有感触。舒心和暖心在同一阶段时有很大的不同，暖心是典型的行动派——有一天晚上，我给一群 4 岁左右的小朋友解释我们为什么能看见东西，小朋友们展开各种奇思妙想，主要集中在对于眼睛的讨论；当我们提到光源时，暖心突然跑了出去，迅速把家里所有的灯都关了，小朋友们集体发出了尖叫。而处在这个年龄段时的舒心，规则意识就强很多，在行动之前总是先问我的建议。她们在同一阶段的表现有很多不一样——兴趣爱好不同，性格特征不同，语言和行为的表现也不同。

我们需要更进一步，蹲下来好好看看我们的孩子，因为他 / 她是独一无二的。你对他 / 她越了解，亲子研学就会越有针对性，而这一点正是我们跟机构研学最大的区别，因为商业机构是没有足够的耐心去了解每一个孩子的。

很多家长可能会觉得，从孩子出生的那一刻起，自己就跟他 / 她朝夕相处，他 / 她喜欢吃什么、玩什么、做什么，自己都如数家珍，为什么还需要去了解他 / 她呢？其实我们常常带有一种盲目的自信，理所应当地为孩子选择生活、选择教育、规划未来，但很多时候，孩子是因为更爱我们，不想让我们失望，才选择了服从，但他 / 她内心深处是不满的、委屈的。当孩子表达出不满，我们喜欢用"我是你妈，我都是为了你好"之类的话来进行爱的剥夺，但我们真的了解自己的孩子吗？我们真的给了他 / 她想要的吗？我们所做的真的都是为了孩子好吗？

当我们不再仅凭主观的"为你好"来看待孩子，自然也就会知道亲子研学的脚手架该搭在哪里。这张亲子研学特性审查表可以帮助我们了解孩子的特性（表1）。

表1 ｜ 亲子研学特性审查表（基于儿童认知理论，帮助家长对孩子深度理解）

他 / 她就是你独一无二的宝贝，你应该如何读懂他 / 她呢			
宝贝姓名： 年龄： 记录人： 记录时间：			
行为表现	语言表达	兴趣爱好	思维能力
			用数字 1~5 来表达（强 - 弱） 观察 分析 概括 推理 抽象 表达 创新

对于孩子特性的每一次整理和审查，都是亲子研学的重要基础，可以保证研学活动更加有针对性和效果。那么，怎样去了解孩子的特性呢？我们可以从行为表现、语言表达、兴趣爱好、思维能力四个方面来考虑。

在这四个特性里面，行为表现、语言表达是家长可以直接观察得到的。我们可以看看特定阶段孩子的行为和语言表达有什么特点，相比于同龄孩子，有哪些优势，哪些还需要巩固。我们可以把它们整理出来，便于在进行亲子研学设计的时候有针对性地去开展。

在研学活动中，根据我们观察到的记录，充分利用孩子的行为表现和语言表达的优势来设计活动，会让孩子更愿意接受，更有成就感；在展示优势的过程中，他／她也会进一步巩固自己的收获。同时，家长也可以利用巧妙的设计，来弥补孩子在行为表现和语言表达方面的欠缺，让这些地方得到充分的锻炼。比如我会有效地发挥妹妹暖心的行动力，同时让她增加规则意识，锻炼风险意识；而对于姐姐舒心，我更注重让她行动起来，从妈妈的身后探出头，勇敢地进行尝试。

而孩子的兴趣爱好、思维能力，是我们通过观察后可以总结出来的。兴趣爱好可能是某种孩子乐于重复的行为，也可能是他／她的语言表达中常常提及的事件。每当出现这种情况，我们可以认为孩子对此兴趣浓厚；思维能力则是孩子在行为能力和语言表达中体现出来的思维体系和综合能力，这也是亲子研学所重点培养的。

在亲子研学的活动中，我们要特别注意抓住孩子的兴趣爱好。围绕着这一点，我们既可以设计出孩子感兴趣的研学主题，同时兴趣爱好也是孩子最愿意去丰富和更新的已有图式。

接下来，我以我的小女儿为例，来填写一下这张特性表。暖心今年 6 岁，处于前运算阶段，她身上有这个年龄段的许多共性特征。

从行为表现看，她的优点是：动手能力强，也非常乐意去动手；不足是：缺乏收纳、整理的能力和习惯。再看语言表达，她非常善于沟通，语言很丰富，愿意充分地表达自己，我个人觉得，她需要补充英文的口语表达。

兴趣爱好方面，我观察到两点：一是她喜欢花仙子和神奇动物，经常和我说，每一朵花里都住着一个神奇的仙子，她们具有各种各样的魔力，而且这个世界上有很多我们看不到的神奇动物，它们都守护着人类；另外，她最近还特别喜欢做实验，收集了各种瓶子，喜欢在里面放入水、泥巴、颜料等，搅和在一起，放到冰箱里或室外……

在思维能力方面，她有非常好的观察能力，常常提出一些被我忽略的问题，比如：用手接水时为什么会有那么多泡泡？路上的积水为什么有的深、有的浅？路边大树的树干下部为什么画成了白色？她有简单的逻辑推理能力，会自己找问题背后的可能原因，而且常常会在生活中问我一些数学应用的问题。另外，她的动手能力也比较强。不足的是，她自我情绪的控制能力有待加强。

需要注意的一点是：这张特性表是一张不断变化的表，在每个不同的时期都会有不同的内容。建议大家在每次亲子研学活动之前，都更新一下这张表，看看孩子最近发生了什么样的变化。这样也能够帮助我们去了解孩子已有的认知，从而做好进一步的工作。

当然，不同阶段、不同性格的孩子的特性会有很大差异，我们根据对孩子的观察如实填写就可以。另外，无论你的孩子是几岁，填写这张特性表的底层逻辑都是一致的。

填写这张表时，你可能会发现，原来自己并不是那么了解孩子，但没关系，每一次自我成长，都在助力我们成为更好的父母。你也可能会发现，你和伴侣对孩子的理解并不相同。当我们去评价孩子的时候，总会带有自己的个人经验，借助这张表，我们可以和伴侣一起讨论一下，补充对孩子的认识，这样有助于营造更好的家庭教育环境。

兴趣是最好的老师

很多家长可能会问，什么是兴趣？兴趣其实是一个人力求探究某种事物或从事某种活动的心理倾向，可以分为直接兴趣和间接兴趣（图10）。

图 10 ｜ 舒心、暖心从小就很喜欢马，我们一起在公园骑过马驹；到马场喂过马、训过马；甚至还参加了战马的发布活动。关于马，我们探讨过很多的话题，知道马的分类、马的习性、马的饲养要点，甚至涉及马代表的精神内核。当然我们还去过动物博物馆看马的演化。这些零零星星的亲子研学，就是兴趣推动的逐步深入。当你开始引导孩子走上研学之路，便是一条不断求知成长之路

所谓直接兴趣，就是对活动本身的兴趣，比如看电视、体育活动、绘画；间接兴趣就是对活动本身没有兴趣，但是对活动的结果和事物的意义感兴趣，比如你可能对学英语本身没有兴趣，但是对同外国人交流感兴趣。

孩子的兴趣发展其实是有一定规律的。就像 1 至 3 岁的宝宝，大多喜欢活动的、微小的物体，如飞机、昆虫；喜欢突然消失的物体，觉得是在"变魔术"；喜欢看成人的动作或活动，如妈妈包饺子；喜欢相对的运动，比如坐车时会关注树木和汽车的相对方向。

家长们需要在生活中观察孩子的兴趣所在，需要注意的一点是，任何孩子喜欢的事情，都是其兴趣所在，但并不是所有兴趣都在大人可以接纳的范围内。比如有的孩子喜欢在厨房玩、乱扔东西或打仗，家长可能会说，这算什么兴趣爱好。但其实换一个角度想，孩子在厨房玩的过程中，可能近距离观察了各种食材，了解了食物加工的过程，同时还学会了使用各种工具，培养了动手能力和协调能力。这些虽然不算是学业或职业目标，但确实是很重要的生活技能。

因此，孩子的兴趣培养，除了需要认真地观察和支持，也需要家长更多的宽容和智慧。在这一点上，年轻的爸爸妈妈往往比年长的爷爷奶奶、姥姥姥爷做得好。如何与老人沟通达成一致，显得尤为重要。

孩子从喜欢的事情中汲取的营养，比我们想象得更多。求知欲被满足的快乐、思维方式的开拓、成就感的获得、自信心的形成等，这些收获对于孩子来说都非常宝贵。

帮助孩子打造高阶思维

现在我们知道，孩子的认知发展是有规律可循的，也明白作为家长，要特别注意孩子身上表现出的共性和特性。

前面提到，进行亲子研学，首先要利用好孩子的现有基础，让他／她们的思维与环境相互作用，不断生长出新的图式；然后，我们还要通过引导，让他／她们与环境的交互更加高效。那么，现有基础找准了，接下来我们需要怎么引导，才能让孩子跟环境之间的交互更加高效呢？引导的科学方式是什么？引导的技巧是什么？我们希望帮助孩子达成怎样的思维系统？我们的目标和标准是什么？要解答这些疑问，我们需要对思维发展理论有更多了解。

由于思维过程的复杂性，不同学者对思维的本质和类型有不同的认识。比较有代表性的观点有以下几种。

杜威认为，思维的过程是一种事件的序列链，这一过程从反思开始，到探究，再到批判性思维，最后得到比个人想象更为具体的"可以证实的结论"。他认为最好的思维方式是反省思维，是对问题进行反复的、严肃的、执着的深思。

斯滕伯格提出了思维三元理论。他将思维划分为三个基本层面：分析性思维、创造性思维和实用性思维。分析性思维涉及分析、判断、评价、比较、对比和检验等能力，创造性思维涉及创造、发现、生成、想象和假设等能力，实用性思维涉及实践、使用、运用和实现等能力。他认为这三种思维方式背后有一套高级的思维过程：确定并定义问题、程序的选择、信息的表征、策略的形成、资源的分配、问题解决的监控、问题解决的评价……他强调思维的技巧是可以教授的。

布鲁姆将认知划分为 6 个层次（表 2），第一层，记忆；第二层，理解；第三层，应用；第四层，分析；第五层，评鉴；第六层，创新 / 创造。记忆、理解、应用属于低阶思维层次；分析、评鉴、创新 / 创造则属于高阶思维。

表 2 | 布鲁姆、安德尔森的认知过程维度分类

类别	相关词	定义
记忆：从长时记忆中提取相关的知识		
识别	辨认	在长时记忆中查找与呈现材料相吻合的知识
回忆	提取	从长时记忆中提取相关的知识
理解：从口头、书面和图像等交流形式的信息中构建意义		
解释	澄清、释义、描述、转化	将信息从一种表现形式转变为另一种表现形式
解释的方式	举例	找到概念和原理的具体例子和例证
	分类	从某个类别进行扩散讲述
	总结	概括总结主题或要点
	判断	从呈现的信息中推断出合乎逻辑的结论
	比较	发现两个观点、两个对象之间的对应关系
	建模	建构一个系统的因果关系

类别	相关词	定义
应用：对已经学到的新东西的使用		
执行	实行	将新知识应用于熟悉的任务
实施	使用、运用	将新知识应用于不熟悉的任务
分析：将事物分解成它的"基本特征"，并说出它们之间关系的能力		
区别	辨别、区分、聚焦、选择	区分呈现事物的相关与无关部分的重要性及次要性
组织	发现连贯性、整合、概述、分解、构成	确定要素在一个结构中的合适位置或作用
归因	解构	确定呈现材料背后的观点、倾向、价值或意图
评鉴：基于准则和标准做判断，形成清晰的个人见解。必须采用标准来判断，而不是常识		
检查	协调、查明、监控、检验	发现一个过程或产品内部的矛盾和谬误，确定一个过程或产品是否具有内部一致性，查明程序实施的有效性
评论	判断	发现产品与外部准则的矛盾，确定产品是否具有外部的一致性；查明程序对一个给定问题的恰当性
创新/创造：整合不同经验、来源的学习，形成新知识、新概念、新见解的能力		
产生	假设	基于准则提出相异假设
计划	设计	为完成某个任务设计程序
生成	建构	生成一个产品

虽然研究者对思维有不同的理解和定义，但都一致认为：高阶思维是一种以高层次认知水平为主的心智活动。无论是杜威的反省思维过程，斯滕伯格的思维三元理论，还是认知过程维度分类，都将分析、评鉴、创造视为高层次的思维活动，以及解决复

杂问题的思维方式。

为什么高阶思维对于未来这么重要呢？这跟人工智能的发展有很大关系。人工智能，尤其是深度学习的发展引发了很多关于教育的讨论。目前，人工智能已经可以替代人类做很多低级的工作，而很多看起来不那么低级的工作也越来越多地被人工智能取代，比如我们所熟知的人工智能赢了围棋、人工智能看 X 线片、人工智能的简单对话等。而在未来，将有越来越多的工作会被人工智能所取代。在这种情形之下，究竟有什么技能是人类所特有、人工智能无法取代的呢？

布鲁姆博士提出的六级认知理论给了我们很好的指引。你的思维能力所处级别越高，你就越不容易被人工智能取代。而我们所倡导的亲子研学活动，就是为了培养高阶思维。

思维的发展涉及三个基本问题：思考什么？（思考的对象）；怎么思考？（思考的过程）；思考得如何？（思考的结果）。向孩子提问，对于孩子来说是一种很重要的引导方式，尤其是在他/她小的时候。因为经验和认知发展有限，孩子需要通过大人这个"媒介"来帮助他/她学习。经过潜移默化的训练，孩子会养成思维惯性，遇到问题时能够从不同的维度进行思考。

接下来，我们来看看，家长应该如何向孩子提问，帮助孩子一层层达到高阶思维。

第一层是记忆，记忆是什么呢？我们可以简单地理解为死记硬背，这是不需要理解的。所有让孩子记住名称的提问，就是在进行记忆的工作。

第二层是理解，就是要孩子用自己的言语去解释，这是将记忆转化为另一种形式。比如在记忆这一层，我们问：这是什么？孩子回答：这是小狗！在第二层，我们可以反过来再问：那小狗又是什么呢？这个时候孩子才能加入理解，开始用自己的言语去解释小狗这个动物。

第三层是应用，这意味着能够把学到的知识运用在新的情境下，以改善特定的状况。比如近期的新型冠状病毒肺炎，我们知道75%的酒精能够最好地发挥消毒作用，所以可以应用这个知识点来制作酒精湿纸巾；知道病毒在体外会自然失活，需要进入体内才能存活，于是可以通过佩戴口罩来隔离它，防止其进入我们体内。

第四层是分析，即能够准确地将事物分解成几种基本特征，并说出这些特征之间关系的能力。在这一层，我们需要透过现象去看本质，比如我们看到很智能的机器人，如何判断它是不是生物呢？它可以发出声音，可以走动，也有反应，但是它不符合生物七个特征里面的以下几点：需要靠营养来生长、能进行新陈代谢、能生殖和发育等。通过分析，我们可以认识事物的本质特征。

第五层叫作评鉴，它会帮助我们形成自己独特的见解。我们在判断一个事物时，会采用自己的某个标准来进行判断，之所以会有不同观点，其实是因为标准不一样。因此，关键不是回答问题，而是如何选择适当的标准来做出判断。就像我问你，中医好还是西医好，这就是一个仁者见仁、智者见智的问题。但如果你先清晰地知道中医和西医的评价标准，而不是依靠模模糊糊、非常笼统的个人经验，那么你就会形成比较清晰的判断。

因此，第四层分析是第五层评鉴的重要基础，只有通过分析，理解本质特征，才能更好地找到评鉴的标准。

最高一层叫作创新。创新是整合不同经验，形成新的知识、理念和见解的能力。创新需要横向建立在多个评鉴基础之上，这样才能把各种已有的、有利于实现特定任务的要素结合起来，实现创新。比如为一次研学活动设计一张总结海报、重新去改写一本绘本的结尾、创作有关环境的歌曲，这样一些没有标准答案、需要孩子重新思考和创作的问题，都会推动他 / 她一次又一次地创新。

高阶思维的知识启发我们，在带领孩子开展研学时，家长要注意多运用第四到六层的思维来对孩子进行引导并提问，因为这样的引导，能够让孩子与环境的交互更加高效。

有了这些共识，便可以正式开始我们的亲子研学活动了（表3）。

表 3 | 亲子研学年龄图谱

年龄段	0—1 岁	1—3 岁	3—4 岁	4—5 岁	5—6 岁
思维发展期	具象思维阶段（具体形象思维）			抽象思维（逻辑思维）	
共性特点	感知觉发育	基础能力发展	好奇心驱动	有意性行为发展	个性形成期
亲子研学重点	对嗅觉、味觉、触觉、视觉、听觉的训练	对生活自理能力、认知的引导	快速发展的认知能力、人际交往能力	深入地引导观察、使表现力、创造力、认知能力快速发展。发展积极的社会情感	发展探究知识的能力，参加更多有益、有趣的活动，做好幼小衔接

研学小贴士：生活观察家

锻炼高阶思维，并不能一蹴而就，而是需要一个漫长的过程，以及日常的积累。我们应该学会从孩子的角度出发，去寻找观察对象。你可以跟孩子一起，在日常生活的点点滴滴中，发现一些平时忽视了的有趣现象，诸如以下方面。

家门口每天乘车的地铁站，你有没有观察过不同出口的朝向和设计有何相同点和不同点？

哪个出口的人流量更大，为什么？排队的人群有什么特点？

道路两旁的盲道你体验过吗？为什么要这样设计？

红绿灯为什么不设计成黄蓝灯？

南北向道路和东西向道路的路牌颜色不一样，注意到了吗？

花儿为什么是五颜六色的？

夜空为什么是黑色的？

蛇没有脚，为什么能跑？

蜈蚣那么多腿，怎么跑不快？

苹果熟了为什么会掉下来？

这样的话题比比皆是，在这些习以为常的生活现象背后，孩子会发现很多重要的问题，发展更多的思路。

第三章

如何给孩子做启蒙

儿童能力初期萌芽是尤其可贵的，
我们引导儿童初期自然趋向的途径能固定儿童的基本习惯，
能确定后来能力的趋向。

——约翰·杜威

启蒙教育，可以理解为"给懵懂以崭新的开始"。启蒙是对生命的一种唤醒，是人类对于自身的一种觉醒。因此，在启蒙教育的过程中，如果孩子向我们提出问题，我们应该耐心地倾听，帮助孩子解答，并进行表扬，鼓励孩子大胆质疑、积极观察、探索奥秘，从而激发孩子的探索欲，为未来的发展提供更多的机会。

每一个孩子都是独一无二的天使，都有自己的潜能。父母在对孩子的启蒙教育中，要注意观察自家孩子的性格特点，还要遵循普遍性的规律，变通性地采用科学的教育方式，让孩子能够在茫茫人海中绽放自己独特的光彩。

现在，你已经了解了儿童认知思维的发展模式，也明白了亲子研学活动中的一些关键原则。那么接下来，我想先从儿童启蒙的角度，谈谈亲子研学的操作方式，而具体的实践细节，我会在后面的几章中详细描述。

亲子研学跟传统的学校传授式教育有很大的不同。传授式教育大多都是"直线型"教育，由老师或家长主导，以讲述和灌输为主，即使教学过程中有提问环节，也几乎都有"标准答案"。提问—回答、提问—回答……通过这样的方式不断进阶到更高难度的知识点，整个学习过程近似直线。而亲子研学的方式，则是以孩子为主导，不定标准答案，鼓励他 / 她们自发去探索、尝试、犯错、成长，整个学习过程近似完成一个个"循环"，我把这个过程称之为"探究循环"。

为什么在大部分公立学校，没有办法开展探究式教育？我觉得主要原因可能有三：第一，我们是以考试成绩为评价标准的，传授式教学效率会更高；第二，每个班的学生人数过多，开展探究式教育比较困难；第三，探究式教育不是一个环节，而是一个系统，需要现有的教育体系和教育内容有很大的调整，这也是目前教育改革的一个方向。

传统的"直线型"教育培养的孩子，在标准化考试中也许会适应得不错，但是一旦遇到没有标准答案的问题，也就是从学校出来之后会遇到的，比如专业如何选、职业如何选、配偶如何选等关涉人生选择的问题，他/她们可能就不知从何下手。而现实是，如今的孩子在未来将要面临和解决的问题，大多是新问题，是他/她们以前没有遇到过的，也就没有所谓的标准答案。

作为家长，我们应该有所意识，有所准备，在日常活动中为孩子提供"探究循环"的环境，从各个不同的领域和维度进行启蒙，激发他/她们自主探究和学习的能力，从而在学校教育和社会需求之间搭建一座桥梁，让孩子们能够更从容、自信地走向未来。

开启探究循环

想要在日常生活中实践"探究循环"的教育方式，家长具体可以怎么做呢？首先，家长需要在两个方面给自己做重要的心理建设。

第一，改变心态，不要急于求成。亲子研学是个长期的项目，不要只拘泥于当下的成效。未来社会最需要的人才是拥有很难被人工智能取代的"软技能"人才，这方面能力的培养往往不显而易见，也需要更长的时间，所以家长要摆正自己的心态。

第二，不要常给孩子标准答案，或者问孩子某个问题的标准答案是什么。也就是说，在亲子研学中，要尽量设置开放性的问题。要知道，这个世界上没有标准答案的问题比我们想像的多得多。即使是一些考试题，对应的答案也不一定是绝对正确的，随着人类认知的发展，所谓的标准答案也在不断更新。

下面这个表格显示了开放性问题和封闭性问题的区别（表4）。举个例子，比如你跟孩子看到几只鸟，封闭性的问题可能是：这只鸟是什么鸟？（喜鹊）那只鸟呢？（乌鸦）这样问的潜在目的是让孩子"知道"一些知识。而如果是开放性的提问，那问题可能就是：鸟为什么能在细细、圆圆的树枝上站稳，不掉下来？你踩在一根小棍子上能站稳么，为什么？它的爪子长什么样？还有什么动物能在树枝上站稳？蚂蚁？老鼠？……

开放性的提问会把解决问题作为目标，适度引导孩子的思考方向，再进行发散，寻找更多答案，最终发现能解决问题的知识和规律。

表 4 | 两类问题的比较

	开放性问题	封闭性问题
目标	通过真实环境获得知识、能力和思维过程	知识学习
涉及知识	综合性的	单一科目的
解决问题方式	独立解决问题	依赖性地解决问题
家长角色	设计者、引导者、协助者	知识的权威、专家、给予者
成长方式	自主学习	被动学习

在具体的流程操作方面，探究循环的过程可以分解为以下三个环节：游前规划，游中互动，游后总结，具体细节我会在后面的章节中讲述。

关于探究式学习的内容，我认为当今孩子可以从以下四个方向入手，分别是：科学、艺术、文化、财商。科学启蒙，关键是思考和探索的过程，锻炼的是发现问题、解决问题的能力；艺术启蒙，关键是感受、想象和自我表达；历史与传统文化启蒙，关键是触碰历史脉搏和人文情怀，开阔胸怀、眼界和积累文化底蕴；财商启蒙，关键是对经济规律有感性认知，培养在现代社会的生存能力。

需要强调的是，亲子研学不仅仅包括四大主题启蒙，还强调知识跨界、综合化、实践化、活动化的诸多特征（图11）。可以类比当下很流行的 STEAM 教育，STEAM 教育并不仅仅涉及科学、技术、工程、艺术、数学这几个方面，它有别于传统的单学科、重书本知识的教育方式，是一种重实践的超学科教育概念。

任何成功都不仅仅依靠某一种能力而实现，需要综合多种能力，比如在高科技电子产品的制造过程中，不但需要运用高科技手段创新产品功能，还需要好看的外观，也就是艺术等方面的综合才能。所以，单一技能的运用已经无法支撑未来的发展，我们需要的是多方面的综合型人才。

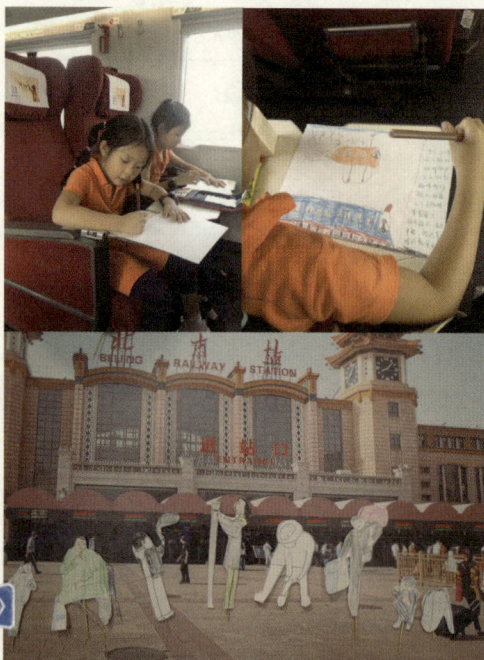

图 11 ｜ 这是我们第一次坐火车，在拥挤的火车站，舒心、暖心首先发现了拿着"包袱"式行李的旅客，这是和之前在机场里看到不一样的。孩子们跟我探讨了旅客们的行李，以及他/她们可能的职业，回来后创作了这副艺术作品：《北京站》。在火车上，孩子们突然脑洞大开说要记录一下火车快还是飞机快，暖心的第一感觉是火车更快（可以看出第一次坐火车的激动）。后来，我们对比探讨了各种交通工具，这真是一次很有收获的旅程

科学启蒙不是记答案

科学启蒙是如今特别热门的教育话题，可能很多家长已经在有意识地从小培养孩子的科学素养。但是在谈论科学启蒙之前，我们需要先考虑清楚，我们这里所说的科学究竟是什么。

科学，其实就是经过经验实证的方法，是对自然现象、社会现象进行归因的学科。它的来源是我们在真实世界中遇到的问题，然后人们通过大量的观察，将得出的认识进行逻辑加工，最后形成了科学。

科学其实并不是真理，而是逐步接近真理的过程。我们要理解，由于人类能力的有限，我们不可能完全记录真实世界发生的一切，甚至记录本身就会出错。所以我们过去处于，现在仍然处于科学探索的过程中。

在开展科学启蒙时，我们要先认识到以往科学教育的误区，那就是只讲述概念，给出定义、公式，然后让孩子通过反复练习来记住知识点。而实际上，在人类的历史中，科学的发展都是为了更好地服务我们的生活。生活中遇到的问题就好比层层叠叠、杂草丛生的森林，科学家们前仆后继，最终找到出口、看到光明，这个过程简直令人心潮澎湃，但是当我们把科学的概念和公式灌输给孩子时，只是告诉了他／她们一个理所当然的结果。这样的学习是不能引发兴趣的，因为其中没有疑问，没有疑问就没有好奇，没有好奇也就没有了兴趣。

那么在亲子研学中，我们应该如何进行科学启蒙呢？

简单来说，就是要让孩子像科学家一样思考。这并不是什么难事，而是孩子天生的思维习惯，他／她们有求知欲和探索精神。作为父母，我们要做的是更好地引导和呵护这种天赋。下面我们看看具体如何来做。

第一，鼓励孩子观察，激发其好奇心，注意生活中随处可见的各种现象和小困难。普通人和科学家之间的核心区别之一就是"一流的好奇心"，不要因为我们自己习以为常，就急于给出所谓的标准答案。

花儿为什么是五颜六色的？夜空为什么是黑色的？蛇没有脚为什么能跑？苹果熟了为什么会掉下来？这些问题都是各个学科的重要起源。"风起于青萍之末"，仔细观察并引发思考，恰恰是科学的起点。

举个例子，1928 年，英国微生物学家亚历山大·弗莱明（图 12）做实验很疲惫，于是出去度假一段时间，回到实验室后，他发现一个试验品发霉了，长出了青绿色的霉菌。这看上去很正常，大多数人可能会直接把东西扔掉，但弗莱明很细致，观察到霉菌周围的葡萄球菌都被溶解了，于是他抓住这个现象继续

图 12 | 笔者给大学生讲青霉素的发现者亚历山大·弗莱明的故事

研究，最后，医学史上堪称奇迹、挽救亿万人生命的青霉素诞生了。

有的家长可能会问，我的孩子以前很有好奇心，现在怎么没有了？其实这个问题不应该问别人，也不应该问孩子，而是要好好问问我们自己。

第二，要注重启迪思考。作为家长，我们应该明白，对于孩子而言，学会如何思考比知道答案重要得多，要深入、持续地问："为什么？""背后还有什么？""如果不是这样，会发生什么？"不要害怕最终给不出答案，科学是探索性、开放性的，大部分问题都没有终极答案。

联合国教科文组织的研究表明：在 18 世纪时，知识更新周期为 80 到 90 年；19 世纪到 20 世纪初，知识更新周期缩短为

30 年；20 世纪六七十年代，一般学科的知识更新周期为 5 到 10 年；到了 20 世纪八九十年代，许多学科的知识更新周期缩短为 5 年；而进入 21 世纪，已缩短至 2 到 3 年。这意味着，两三年前你知道的答案，到今天可能已经是错的了。科学正是在一次次提问和质疑中发展而来的。

第三，要注重对比学习。比如，通过参观博物馆和搜索阅读资料，了解这个问题在科学史上是如何解决的：伟大的科学家们有哪些奇思妙想和怀疑，做了什么实验；和自己的思考过程有什么不同；他们经历了哪些失败，是如何总结的，最后又是怎么解决问题的……通过这样思考后的对比和学习，我们就能引领孩子向一流科学家的思维更靠近一步（图 13）。

第四，要鼓励动手。对于孩子的各种好奇，家长应该鼓励他／她们去实践，并想办法为孩子创造条件，甚至是进行模拟探索。无论成功还是失败，孩子留下的印象都会极为深刻，这是成长中非常宝贵的财富。

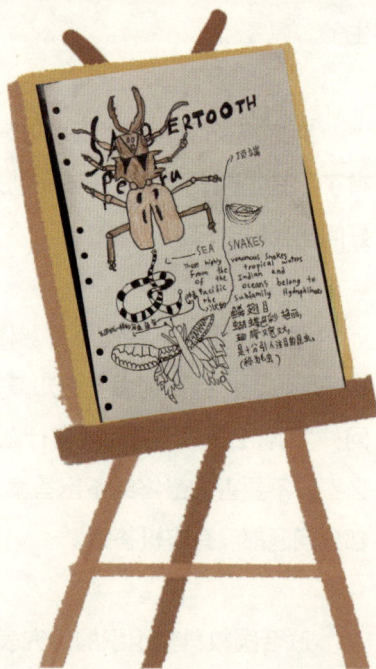

图 13 ｜ 跟孩子去动物园，舒心第一次见到海蛇，回来后她兴奋地查找资料，记录了这些，当然还有她在资料里面发现的其他有趣物种

这些方法，不是非得在特定的环境或项目里才能实践。做科学启蒙，最好的目的地其实就是我们日常生活中所经过的各个地方。生活中遇到的各种问题和困难，发现的各种特殊情景，里面都隐藏有意思的科学话题。比如，在游泳池里，孩子能够把我们抱起来，那为什么在陆地上不行呢？这是关于浮力的科学启蒙；吸尘器为什么能吸脏东西？这是压力差的科学启蒙；观察一下，桌椅有几条腿？这是支撑点和稳定性的科学启蒙……这样的话题比比皆是，我们随时可以带着孩子玩起来，并启发他／她们像科学家一样思考（图14）。

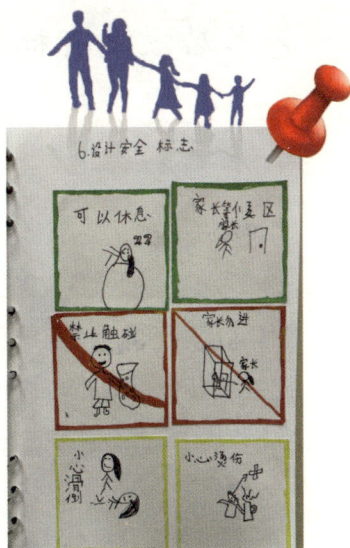

图 14 | 对于调皮的妹妹暖心，安全教育一直都是我的主题。一次她突发奇想说要设计一些安全标识，放在有安全隐患的地方

进行科学启蒙，第二个推荐的目的地，就是一些专业的自然和科技类博物馆。各地基本上都会有自然博物馆，有的城市还有一些细分领域的自然类博物馆，比如天文、地质、生物等方面，另外还会有一些园艺性质的自然类博物馆，如动物园、植物园、水族馆、自然保护区等。至于科学技术类的博物馆，则侧重于普及从古到今的科技历史，以及工业、农业、国防、交通等方面最新的成就和知识。

艺术启蒙没有标准审美

艺术是一种表达，通过一些手段或者媒介来塑造形象、营造氛围，反映的内容其实是现实，寄托的是一种无功利的、具有普遍性的情感，通常的表达方式有文字、绘画、音乐、形体等。在艺术表达中，情感和表达方式都非常重要。

日本著名儿童教育家、画家鸟居昭美在他写的《培养孩子从画画开始》一书中说，孩子不能通过语言来表达，又不能靠书写文字来表达，所以他/她们通过绘画来表达自己的想法，讲述自己的感受和发现。孩子9岁之前，应该尽量让他/她们尝试画"心中所想"；等孩子过了9岁，才有必要系统性地教授其绘画技巧。这本书是非常出色的艺术启蒙书，这段话里面最重要的两点：①画画是一种表达；②发自内心的表达先于技巧的提升，一切技巧都应当服务于想表达的感觉。

那么在亲子研学中，如何让孩子像艺术家一样创作呢？

第一，打开孩子内心观察万事万物的眼睛，帮助他/她们感受世界、感受生活、感受美，只有充溢的内心才是艺术永恒的源泉。吴冠中说："漂亮和美不同，漂亮讲得是那个质感——细腻，美往往是造型艺术里面的独特性、构成美，这两个不一样。"真正的美，都与情感共鸣，与生命相连。

第二，从自我出发，鼓励孩子把心声表达出来。我们要去聆听孩子的心声，看到他/她们发自内心的童趣。在亲子研学中，我们应该有意识地摆脱那种累积已久、相对固化的艺术教育，比如画画时，不要先让孩子去模仿其他画作，而是要让他/她们的眼睛看到真实的事物，让他/她们的内心感受美，把真正的自己展现出来。等到进入适当的年龄阶段，再让孩子去系统学习所谓的艺术技法，这样的话，艺术的流露就是一件自然而然的事情了。

那么，在哪些地方，我们可以给孩子进行这样自然而然的艺术启蒙呢？

第一，我们身边的大自然就是最好的美育场所。大自然其实会说话，带着孩子去感受大自然的美，感受花花草草、四季更迭、阳光雨露、虫鸣蛙叫，孩子会在不知不觉中受到美的熏陶（图15）。

第二，是文化艺术类的博物馆，比如绘画、雕塑、书法、时尚、工艺美术、音乐、文学、戏剧、建筑等各种类型的博物馆。

第三，则是一些大师的艺术展，在大师的艺术展里，我们可以带着孩子自由地去感受、去思考。就比如看完了徐冰的天书，我们是不是也可以鼓励孩子创作一本自己的无字天书呢（图16）？

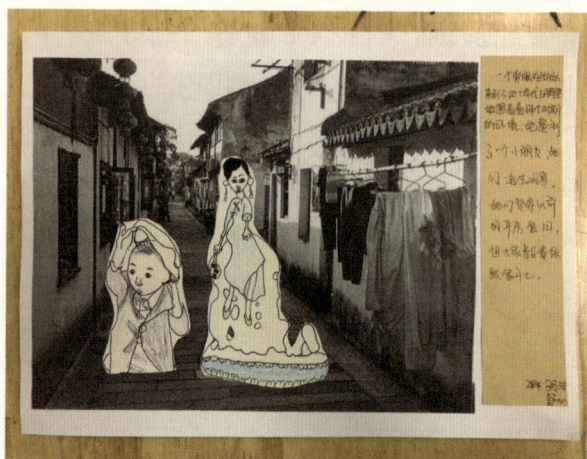

图15 | 一次跟孩子经过胡同，我特意引导孩子观察胡同的"旧与老"，可舒心的感受是："妈妈，虽然这里路很窄，东西乱乱的，都是平房，但是我觉得居住在这里的人都很快乐！"是呀，孩子的发现多么美好，回到家我们赶快记录下了这一切

图16 | 看艺术展也是孩子喜欢的研学活动，从孩子的行动中，我更深刻地感受到了艺术的魅力

文化启蒙不是背古文

接下来，我们来说一下文化的启蒙：如何在亲子研学中让孩子去感受文化、理解文化、发扬文化。

还是先来梳理一下什么是文化。文化是某种一直延续、始终在起作用的东西，代表着一种经验和智慧。一个人了解自身民族文化的过程，也是他／她的自我从自知、自尊到自信的过程。同时，文化又是一个泛概念，比如大家熟知的传统文化、亚文化、地方文化等，都属于文化的范畴。

在亲子研学的实践中，我们可以带着孩子去了解历史文化和传统文化，同时代入自己的思考。我们不仅有很多老祖宗的文化宝藏可以欣赏，同时还可以去探索许多重要的精神性传统。比如孔子，作为春秋晚期的思想家，他要解决的问题是什么呢？为什么他那么看重长幼老少的秩序呢？这和他所处的时代环境有什么关系吗？

除了各个地方留下的历史遗迹，我们也可以带孩子了解民间习俗、传统节日、诗词歌赋等。有形的历史遗迹给我们还原了当时的故事，而无形的精神传承，则会慢慢影响孩子品性的形成。

近年来，国家教育体系对于传统文化的学习也有了更高的要求，传统文化会成为孩子们进入学校后的重要评价指标。那么在亲子研学中，我们该如何学习传统文化呢？借用清代名臣左宗棠曾说过的一段话："须细看古人处一事，接一物，是如何思量？如何气象？及自己处事接物时，又细心将古人比拟。设若古人当此，其措置之法，当是如何？我自己任性为之，又当如何？然后自己过错始见，古人道理始出。断不可以古人之书，与自己处事接物为两事。"在亲子研学中，我们可以引领孩子分析历史人物的处境，想象如果是自己，遇到人生和时代的重要抉择、重要关头时，会怎么做？

我曾经带孩子在成都都江堰研学，给她讲"分洪以减灾，引水以灌田"的故事，李冰最先想到的方案是把阻碍江水东流的玉垒山劈开，这在那个时候可不是一件容易的事。这时我没有急着继续讲故事，而是让孩子思考，如果是她，她会有哪些方法？然后再继续去探索，李冰又是怎么做到的。

学习历史文化，就要仔细地、好好地想；前前后后想清楚，再去看古人是怎么做的，做了什么决定，有什么结果；然后再和我们自己的做法对照一下。在这个过程中，孩子们既能体会中国传统文化中的精髓，同时也在塑造他/她们的思维和人格。

那么，进行历史和传统文化启蒙，该去哪里呢？

首先，当然是历史类的博物馆了。历史博物馆是传承民族优秀文化和对外文化交流的重要窗口，会从多个角度、多个侧面揭示历史文物的丰富文化内涵，展现民族博大精深的文明和成就。历史博物馆又可以分为三类。

第一类是考古博物馆，包括古陵墓、历史遗迹、古代皇家园林等，这些地方一般会有通史、断代史、地方史的介绍，文化积淀深厚，可以说是古代文明的艺术殿堂。

第二类是民族博物馆，这里收藏着众多少数民族的优秀文化遗产，可以看到一些珍贵的历史文物，从中可以窥见各少数民族在不同历史阶段的风俗习惯、生活传统。

第三类是革命纪念博物馆。革命纪念馆是为了缅怀革命先烈、记录历史事件而创立的，里面凝聚了革命的精神。

除了博物馆，历史和传统文化启蒙的第二个目的地，就在我们的日常生活中。带孩子过地道的中国节，就是特别好的文化类亲子研学活动。传统节日中，有传承，有故事，还有丰富的活动供孩子们参与，更重要的是，每个节日都满满地承载着人们精神的寄托。

第三个可以选择的目的地就是文化丰富的旅游目的地：带孩子登黄鹤楼，俯瞰长江，看是否还能看见"晴川历历汉阳树"；江南忆，最忆是杭州，带着孩子"山寺月中寻桂子"；去杜甫草堂，带孩子感受"润物细无声"……

我们还可以在旅游时带孩子去接触非遗和民俗项目，感受传承的魅力。

财商启蒙并不只跟钱相关

近些年来，财商这个概念被越来越频繁地提及。简单来说，它指的是一个人创造和管理财富的能力。为什么财商很重要？因为有了财商，才会树立健康的金钱观、价值观和人生观，可以说，财商是实现人生成功的关键因素之一。

其实，财富和生意并不只是大人的事情，很多孩子都会对这个话题感兴趣，并有所领悟。而且科学家通过研究发现，在人的一生中，财商形成的最佳时期恰恰是在 3 到 12 岁这个阶段。实际上，对儿童教育来说，财商启蒙不仅仅包含基础的经济学原理，比如货币、流通、利润等，同时也蕴含着商业社会所倡导的一些重要品性，比如信任、承诺、谨慎、诚实等。这些对于孩子的人格养成和未来发展都是非常重要的。

而在亲子研学中，关于财商启蒙，我们要抓住两点。

第一点，整个亲子研学过程中，要着重培养孩子延后享受的理念。延后享受就是延期满足自己的欲望，以追求未来更大的回报，这也是犹太人教育的核心。

在日常生活中，孩子经常要买各种各样的东西，作为父母，很多时候总是想尽量去满足他 / 她们的愿望，其实这在财商教育里面是非常不对的，我们应该学会延期满足孩子购买的愿望。

延迟满足是犹太人成功的最大秘密。犹太人常常会对小孩说这样的话：如果你喜欢玩，就需要去赚取你的自由时间，这需要良好的教育和学业成绩；然后你可以找到很好的工作，赚到很多的钱；等赚到钱以后，你可以玩更长的时间，买更昂贵的玩具。如果你搞错了顺序，整个系统就不会正常工作，你就只能玩很短的时间；最后的结果是，你拥有一些最终会坏掉的便宜玩具；然后你一辈子都得更努力地去工作，没有玩具，没有快乐。在犹太人的财商教育里边，规划的范围贯穿了一个人的一生，以总体的幸福作为核心的目标。

第二点，我们需要根据孩子的成长规律，进行生活中的财商启蒙。

孩子 3 岁的时候，我们可以带他 / 她去辨认钱币，认识各种各样的币值，知道钱多钱少，以及钱币是可以用来买东西的。

4 岁的时候，让他 / 她知道，我们是没有办法把所有商品都买光的，所以必须要做出选择。

5 岁的时候，可以试着让孩子明白，钱是用劳动换来的，让他 / 她认识钱的用途，知道钱来之不易。可以引导孩子观察我们工作的一天，给我们做做小助理，让他 / 她理解父母劳动的辛苦。这是一个很好的财商亲子研学项目，而且是每个人都可以去开展的。

6 岁的时候，可以让孩子去数较大数目的钱，鼓励他 / 她开始学会存钱，培养其理财意识。

7 岁的时候，可以让他 / 她去观察商品的价格标签，并和自己存的钱进行比较，确认自己到底有没有购买的能力。

到 8 岁的时候，孩子应该可以在银行开户存钱了，当然，现在的孩子甚至还知道支付宝、微信钱包等互联网工具。同时，我们可以引导他 / 她想办法去挣零花钱。在这个过程中，孩子不仅锻炼了社交能力、销售能力，思维也能够更加接地气，长大后容易发现别人发现不了的商机。

第二点，我们再来讲一讲，进行财商启蒙可以选择的目的地。

财商关乎商业，关乎生活，而生活中的点点滴滴都是财商启蒙的现实教案。一些商业实体，比如超市、商场、酒店、家门口的小卖铺，都是我们可以展开财商启蒙的研学目的地。而日常生活中接触到的各种职业，各种可以花钱的场景，都是开展财商启蒙的机会。

比如，带孩子出去玩的时候，可以让孩子随时关注一下各种物品的价格，比较不同地点的某种商品价格是否一样，例如一瓶矿泉水，为什么超市里卖得便宜？酒店里面卖得贵？问问孩子，他 / 她是更喜欢在超市里买便宜的呢，还是在酒店里面买贵的呢？为什么？

可能有的孩子会告诉你，喜欢在超市买，因为他 / 她们知道超市的更便宜，这意味着同样的钱可以买更多的东西。也可能有的孩子会说，喜欢在酒店里买，因为酒店更漂亮，服务员阿姨更有礼貌等。那我们可以顺带说，商品有附加的价值，比如漂亮的环境、更好的服务，都是在这瓶矿泉水之上的附加价值。

再比如，我们可以让孩子去调查家里每一个成员的收入情况，和孩子一起来探讨一下，为什么不同职业的收入会不一样。孩子就可能会发现，原来不同人的工作内容不同，不同工作的收入会不一样。还可以带着他 / 她去探究其中的原因，告诉他 / 她这跟价值创造、劳动力市场等有关系。所以财商教育其实并没有我们想象得那么复杂，生活中处处都是场景和机会。

研学小贴士：一起来赏花

秋高气爽，小区花园里的花儿们争奇斗艳惹人醉。我们来一场赏花的亲子研学活动吧。

科学启蒙

数一数花瓣，观察规律。

摸一摸花瓣，看手会不会染色，了解色素。

闻一闻花的味道，想想花香的作用……

艺术启蒙

感受花的美、花的香，让孩子想象去画一朵最香的鲜花。

传统文化启蒙

和花有关的成语有哪些？

诗词歌赋又有哪些？

财商启蒙

想想花还有什么用途？

发现花的商业价值。

……

启蒙研学书单

本章最后，分享一个可以用于启蒙辅助的主题绘本清单，大家可以把它们作为前奏故事跟孩子分享，结合绘本玩转亲子研学，也是特别好的结合方式。

科学启蒙书单

生活场景：《蚯蚓的日记》《不服输的鼻涕虫》《池上池下》《地面地下》

自然博物馆场景：《乔治的昆虫乐园》《如果把银河系装进盘子里》《我家能源大发现》

交通场景：《红绿灯眨眼睛》《高铁出发了："中国力量"科学绘本系列》

餐桌场景：《黄色小番茄》《盘中餐》

菜园场景：《一园青菜成了精》《我的大大农场》《它们是怎么长出来的？》

......

艺术启蒙书单

美术馆场景:《美术馆奇遇》《书中有座美术馆》

自然场景:《格林爷爷的花园》《月下看猫头鹰》《天亮了,打开窗子吧》

生活场景:《米莉的帽子变变变》《奥古斯汀》

......

文化启蒙书单

博物馆场景:《打开故宫》

旅游场景:《建天坛》《兵马俑》《敦煌莫高窟》

生活场景:《荷花镇的早市》《小房子》《镜像》

......

财商启蒙书单

衣服价值认知:《编织在衣服里的奥秘》

认识货币:《第一次上街买东西》《一片披萨一块钱》《旅馆开，钱进来》

置换概念:《安娜的新大衣》《最美的黄玫瑰》

职业启蒙:《第一百个客人》

......

第四章

如何进行一场亲子研学活动

研学不是涂鸦，需要设计方法。

孩子聪明与否，不仅仅是先天遗传的影响，更重要的是后天的开发和培养。亲子研学活动的培养方式可以让孩子在自主探究思考的过程中，培养多角度解决问题的能力，这种能力将帮助孩子提升思维品质，在今后的学习、生活中获得更丰富的知识和更多的体验，为孩子进入学习生涯奠定一个良好的基础。

从这一章开始，我们就进入亲子研学的具体环节之中。在此之前，我想先强调亲子研学的两个原则。

第一个原则是呵护兴趣，这也是我们的第一法则。其实成长就是在不经意间悄然而至的，我们无须过于着急，最重要的是呵护孩子的兴趣，因为所有快乐的、有趣的经历，都会给孩子的成长种下一颗颗小种子，带来无限的正反馈，让他／她愿意继续去探索，去长大。

那么，应该怎样呵护兴趣呢？我觉得我们应该做到以下三点。

第一，我们要从孩子的视角出发，无论是对目的地的选择，还是研学中的过程，都一定要站在孩子的视角去看。我们可以常常换位思考一下，如果自己是孩子，会有什么感受。我们还可以经常跟孩子讨论一下他／她的感受。

第二，少就是多。我们不要太着急给到孩子太多的知识，更不要让孩子去死记硬背。如果孩子失去了兴趣，才是最可怕的一件事情。而想要达成"少就是多"，我们应该按照不同孩子的年龄阶段和感兴趣的话题，搭建一个可拓展的结构。

举个例子，比如喂小兔子这样一个亲子研学活动：横向上，我们可以看看小兔爱吃什么（这是一个科普的问题）；观察小兔吃胡萝卜的样子，创作一个作品（这是一种美育的拓展）；再想想小兔子的作用，人类饲养小兔子，会用小兔子做什么（这是一个财商的拓展）；有个成语是"狡兔三窟"，跟孩子观察一下小兔子的三窟在哪里（这是对成语故事的一个拓展）……由此可见，一个话题可以随着孩子的兴趣，在研学实践中不断延展。同时，我们还可以纵向拓展，比如观察和思考以下问题：小兔子爱吃什么？这些食物都有什么特点呢？为什么小兔子爱吃这些东西？就这样，我们可以在一个话题里不断地去深入。

第三，我们要想尽一切办法，让过程更愉悦一些，也让孩子感觉到陪伴。无论如何，我们不能批评自己笨，更不能批评孩子做得不好。有的家长可能会在研学的过程中，觉得很多知识自己都不知道，没有办法很好地去回答，所以会认为自己笨。其实这是不对的，最重要的其实是方法的引导，我们可以带上孩子一起去图书馆，或者在网络平台如知乎等去搜集材料，获取答案，这本身就是很好的学习过程。

下面再说第二个原则，那就是在整个研学过程中，我们要一直牢记认知规律，明白知识的建构是一个循序渐进的过程，需要一步一个台阶去走。如果我们忽略认知规律，大跨度地去给孩子传授知识，对于他／她们来说其实是没有效果的。

举个简单的例子，就像在大学里面我会讲市场营销，但是对我6岁的女儿，确实没有办法去讲这样的知识……那么我该怎么去开展营销方面的启蒙呢？我的选择是，在带她买玩具的时候进行启蒙。比如说，我会问她是怎么知道这个玩具的，是电视上看到的，听别的小朋友分享的，还是逛街的时候看到的；然后再去问她，是什么部分吸引了她。记得女儿要买小天才手表的时候就跟我说：妈妈，无论你在哪里，我都能找到你呀！而且我最喜欢碰一碰加好友！

所以当她突发奇想，想要发明一个飞行背包的时候，我也问她，你的飞行背包准备怎么卖呀？她会告诉我：她要在电视上放视频广告，而且要在小朋友喜欢看的节目中间去插播广告，告诉小朋友：飞行背包，可以让你们像小鸟一样，自由飞翔，再也不用堵车啦！而且很酷哟！其实这些就是生活中的市场营销启蒙。牢记了认知规律之后，我们才能够不那么着急，学会针对自己孩子的特点去开展亲子研学。

掌握了这两个基本的原则，我们就可以正式开始亲子研学计划了。

从孩子的视角出发做规划

在出发之前，我们首先要做好主题的规划。怎样来想出一个主题呢？我认为有两个很重要的前置因素，第一是我们研学的目的地，第二则是第二章提到过的，孩子的特性表。

目的地有两种可能的情况。第一种情况是，我们根据孩子的特点安排了一个目的地；第二种情况则是，在现有的、已经确定的旅游计划中，加入研学的内容。无论是哪一种，我们都能在目的地和特性表的结合下，策划出一个很好的研学主题。

我来示范一种最简单的操作。比如目的地是故宫，这个目的地是孩子陌生的、不感兴趣的；而在孩子的特性表里，我们看到他/她感兴趣的东西包含大怪兽，那么我们的主题就可以定为"故宫里的大怪兽"。

再举个例子。前段时间，我的朋友想带孩子去消防博物馆，他特别担心孩子对这个主题不感兴趣，便来请教我。我问他孩子对什么感兴趣，他立马想到4岁的儿子非常喜欢奥特曼，于是我告诉他可以跟孩子这么说：爸爸带你去看奥特曼火场逃生。结果，孩子非常兴奋地参加了这次研学。

在这两个案例中，形成主题的过程非常符合儿童的认知规律。在大怪兽的例子中，孩子对大怪兽已经有了一个图式，而"故宫里的大怪兽"这个主题，就帮助孩子的认知从大怪兽转移到了故宫，由此形成了一个新的图式。这样一来，下一步我们才可能有效地去输入跟故宫相关的各种历史文化知识。奥特曼的例子也是一样的。

所以，我们要利用孩子感兴趣的各种东西，去跟目的地、研学内容相结合。比如说我们刚刚给孩子读了一本绘本，如果他 / 她很感兴趣，那么我们就可以在绘本的基础上，加一些跟目的地相关的研学内容，这就是很好的拓展。有的孩子喜欢看动画片，那么我们可以选一些动画片的主角人物作为研学的元素，这也会变成孩子特别喜欢玩的主题。用这种方式，我们就可以潜移默化地拓展孩子的认知。

做完主题规划之后，我们需要去找一些关键点，来支撑我们的主题规划。关键点是我们希望通过这次亲子研学活动帮助孩子收获的知识或者能力。我们可以制作一张亲子研学工具表单，在上面充实我们的计划内容（表 5）。

表 5 ｜ 亲子研学工具表单

主题	关键点	前奏故事要点	问题 / 任务清单

相关物料	
1. 奖励类	2. 工具类

我来举一个自己的例子。我的小女儿非常喜欢花仙子，于是我想，可以在冬天的时候带她开展一个主题为"雪花仙子"的研学活动，她一定会很感兴趣。所以我在工具表单上写下了这个主题，然后又罗列了一些关键点。

根据她的年龄，我确定了三点内容：①雪花的形成；②雪花的形状；③雪花相关的诗词歌赋。我把这三个关键点写到了工具表单的最左侧。

在形成了主题规划，并且找到能够支撑这个主题的关键点之后，我们需要编一个前奏故事，目的是勾起孩子无穷的兴趣。我想这个能力其实很多妈妈们都有，大家可以尽情发挥，充分地吸引小朋友，让孩子产生好奇。

围绕"雪花仙子"的主题，我也编了一个前奏故事。我对小女儿说:"宝贝,你知道吗? 有一个花仙子,她拥有超凡的能力。""什么能力呀? 妈妈? ""她会用她的魔法,把你困在原地! 她会,呼呼呼,把你变成,美味的冰棍! "我顺势去舔了舔她,"她好美呀,有各种各样美丽的花瓣……她的裙子闪闪发亮,看上去仙气飘飘……她就是雪花仙子! "在这个过程中,孩子非常兴奋,我也绘声绘色地去给她讲这个前奏故事,动作和表情都很夸张,然后我告诉她:"嘘! 我们现在先去睡觉吧,明天她会来哟! 明天妈妈悄悄地带你去看。"

根据孩子的特性表,我们可以有丰富的亲子研学设计。比如我想提高孩子的整理、收纳能力,就可以带她做一次"我和花仙子比一比"的亲子研学活动,比一比谁的卧室收拾得更干净,谁的书桌更整齐。特性分析表是帮助我们因材施教的指南针,很多时候我们会觉得自己很了解孩子,但花一点时间来整理和思考,其实能够帮助我们做得更踏实。

围绕关键点,我们也可以开发一张亲子研学卡。简单的亲子研学卡可以分为两面,一面是给孩子看的大图,用于引发思考和提问;另一面则是知识点说明,以及想让孩子回答的问题,还可以拓展一些相关的诗词歌赋,这一面用来提示家长不要遗漏重点。研学卡是特别好的研学工具,既可以帮助我们聚焦活动的主要内容,又可以成为活动过程中的道具,同时在活动结束后作为奖励给孩子,也是孩子们特别开心的事情。

在"雪花仙子"主题的研学活动中,我制作了三张亲子研学卡(图17)。

第一张

正面大图：雪花的照片。

背面文字：雪花是一种晶体，是天空中的水汽经凝华而来的
固态降水，又称为银粟、玉龙、玉尘。

想象一下，水的固态、液态、气态分别可以是
什么？

图 17 | 亲子研学卡示意图

第二张

正面大图：各种不同形状的雪花图案。

背面文字：雪花的结构随温度的变化而变化。多呈六角形，
　　　　　像花。想一想这是为什么？

　　　　　雪花属于六方晶系。

第三张

正面大图：雪花带意境的图。

背面文字：忽如一夜春风来，千树万树梨花开。

　　　　　孤舟蓑笠翁，独钓寒江雪。

　　　　　北风卷地白草折，胡天八月即飞雪。

　　完成了关键点和亲子研学卡的设计，我们还需要在物料方
面做一些准备（图18）。在工具表单里面，有两类物料，第一类
是奖励类，第二类是工具类，我们要针对每一次研学的情况去
完善。

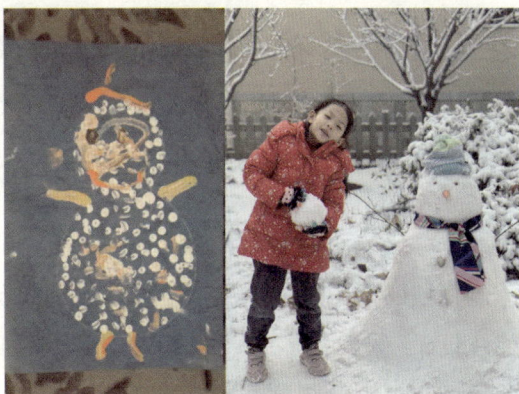

图 18 ｜ 一场跟雪有关的亲子研学活动绝对是冬日里给孩子最好的礼物。这是暖心不到 2 岁时第一次画的雪人，每个孩子心里其实都住了一个雪人

奖励类的物料应该选择孩子喜欢的，比如说小贴画、盖章本或定制金牌。其实研学卡本身也是特别好的奖励类物料，如果孩子完成了研学任务，我们可以把做好的研学卡奖励给他 / 她们，根据研学卡的数量来跟孩子制订奖励政策，比如集齐 10 张研学卡，就成为研学小达人，可以买一个文具；集齐 50 张卡，则获得"研学小硕士"称号，可以买一个玩具，等等。

工具类的物料，是一些能够帮助我们去更好地探究与发现的物品，包括放大镜、尺子、秤等，需要我们提前思考好、准备好。比如"雪花仙子"这个主题的研学，我给孩子准备了放大镜、温度计等工具。

在研学中帮孩子搭建思维支架

　　计划也许可以做得很完美，但最重要的仍然是研学实践中的种种细节。只有用符合孩子认知的方式去引导观察，才有可能达到我们的目的，否则就可能是事倍功半。所以，选择用什么样的方式去引导和回应孩子，是每一位进行研学的家长都需要提前想清楚的功课。

　　孩子的逻辑推理能力有限，他/她们理解事物很大程度上必须依赖具体、形象的辅助工具，从事物或现象可观察的一些特点上去理解和推理。同时，学龄前的孩子对因果关系的思考更为线性，他/她们很难同时处理较多的因素，但这并不意味着他/她们的思维没有逻辑性、批判性和创造性。他/她们能基于观察、经验或认知，提出符合个人理解的预想或不同于他人的观点；能够针对预想设计大致的方案；能够大胆想象，提出出人意料的想法。

　　因此，家长需要在研学活动当中做的，是为孩子提供思维的支架，帮助他/她们在思维活动中学习。苏联心理学家维果茨基认为：在成人的适当帮助下，儿童常常可以完成他/她们独自无法完成的任务，所以要根据儿童的思维水平提供灵活的思维支架来帮助他/她们。这也许并不能产生直接的效果，但能够慢慢培养孩子独立解决问题的能力。

所以在亲子研学工具表单中，尤为重要的就是任务和问题清单。这需要我们模拟一下活动现场，观察有哪些重要的任务和问题，然后提前考虑，提前罗列出来。

　　思考任务和问题清单，要充分结合前边的关键点。要注意设计任务和问题的目的不是为了灌输知识，而是为了通过有趣的互动和引导来帮助孩子认识关键点。以"雪花仙子"主题研学活动为例，关键点包括以下方面。

　　第一，从科学的视角看雪花的形成。

　　如何开展活动，能够让孩子通过思考感知这个关键内容呢？我们应该鼓励孩子认真观察，激发其好奇心。我准备了放大镜，带着孩子在不同地点观察雪花（院子里、家门口）；观察的目的，其实是让孩子发现雪花的形成跟温度有关系。在这个过程中，我一边惊叹于孩子的各种发现，一边试着引导孩子发现不同、思考原因。然后我把冰块放到室内，请孩子观察温度升高以后，冰块会发生什么变化。

　　第二，从艺术启蒙的角度看雪花的形状。

　　艺术启蒙的目的是开启孩子内心的感受以及观察万事万物的眼睛，帮助他/她们感受世界、感受生活、感受美。在这次活动中，我的重点是带着孩子去发现不同的雪花形状，一起来描述雪花像什么；再跟孩子在家寻找一些材料，比如棉花、纸张、画笔等，创作一朵美丽的人工雪花。

第三，从文化历史启蒙的角度看与雪花相关的诗词歌赋。

这部分活动的重点不是让孩子简单去背诵，而是带着孩子去感受、去思考。例如在读到"忽如一夜春风来，千树万树梨花开"这句时，我们可以问问孩子觉得下雪天的树像什么，孩子一定会有各种奇思妙想。我们还可以引导孩子比较诗人和自己感受的相同点和不同点。

引导观察

从模拟活动现场的任务和问题清单中，大家能感受到，其实在亲子研学的过程中，家长要做的最重要的一件事，就是引导孩子学会观察，这样他／她们才会有自主的发现。不同于简单的反射或感觉，观察是有目的、有意识地调动以视觉为主的各种感觉器官去认识多种多样、富有特征、具有表现力的客观事实与现象的活动，是我们认识客观世界、捕获第一手材料的重要方法。同时，观察力也是人的智力的重要组成部分。

那我们怎么引导孩子学会观察呢？家长常常会对孩子说："你看！你好好看！你仔细看！"这一类引导过于笼统，对孩子毫无营养。下面，我给大家讲一个和观察有关的小故事，看看这个主人公的观察有什么特点。

在一本论绘画的书中，作者这样描述一颗"平平无奇"的树。

任何一棵树的任何一根枝条都是被自身重量压低的，而树枝末梢总是尽其可能指向天空。

下层树枝的枝丫比上层的枝丫粗。

树枝粗细差不多的树，树枝弯得更厉害。

上层枝条的叶子，比下层枝条的叶子茂盛。

叶子的正面朝向天空，以便吸取夜间露水的滋养。

叶子的分布层层相错，尽量减少互相遮掩，留出让空气和阳光穿透的空间……

书中对一棵树的观察记录多达几百条，以上我只是随机挑了几句。作者说："虽然这些事物与绘画无关，但我仍把它包括进来，使我对树的知识的遗漏减到最低程度。"这是这个作者白孩童时期开始对世界细致入微的观察和思考。长大后，他的名字全世界的人都耳熟能详，他叫达·芬奇。观察的巨大力量，由此可见一斑。

在亲子研学中，要做到见微知著，观察是必不可少的一环。下面我们一起来看看如何引导孩子进行观察。

第一，用多感官来观察。我们要引导孩子把视觉、听觉、嗅觉和运动觉等多种感觉器官结合起来，做到观其形、辨其色、闻其声、触其体、嗅其味，调用全面的感觉器官，这样才能得到丰富、全面的信息。

第二，要由表及里来观察。引导孩子从方位、角度、时间先后、空间上下、左右、远近、点面等维度进行观察，把事物拆开来看。比如我们带孩子观察一棵大树，可以先引导孩子从上到下看，看能发现什么特点；再 360 度绕一圈观察，看有什么收获；仔细从某一个部位看看，比如树枝，看看树枝生长的规律、树枝上面的树叶、树枝上面的花，再拿一片树叶看看，又能看到什么，是不是有像血管一样的经脉，等等。这样的观察才是全面的、仔细的。

第三，要由此及彼来观察。由此及彼就是由观察对象出发，让孩子进一步对同类事物或者相似的事物进行观察、比较，培养孩子发散思维的能力（图 19）。还是用观察一棵大树来举例，观

图 19 ┃ 稍微留心，你就会发现我们的生活中，有很多很多类型的材料，地毯摸起来软软的，包裹外面有塑料袋、纸盒，有的还需要气泡膜包裹，卫生间门口的防滑垫涩涩的，快来观察记录吧！上图展示了暖心对材料的观察记录

察过程中，也可以让孩子发散想象：这棵大树你觉得像什么呀？为什么呢？什么和树枝很像？还有什么你觉得跟这棵大树很像的，为什么呢？在引导的过程中，家长要充分鼓励孩子把他/她们的奇思妙想表达出来。

按照"观察—思考—再观察—再思考"的过程，我们才能一步一步抓住观察对象最本质的特征，实现见微知著。而观察活动本身就有极强的分析性和思考性，每一次观察都会有所收获，所以我们应该让孩子养成写观察笔记或者画画记录的习惯，在观察后将自己的认识、体会、感受、评价等记下来，做到观察与记录相结合（图20）。

图20 ｜ 一次带孩子经过西直门，因为我走错了一个口，在西直门立交桥绕了好几个圈，我们一边绕一边探讨立交桥的"进口"和"出口"，回来舒心提议要研究一下立交桥，这便是她对立交桥的观察记录

引导思考

提问是引导孩子呈现思维过程的重要方式。通过有针对性的提问，我们可以帮助孩子突破困境，实现思维的飞跃。但是对于能否准确回答问题，我们也无须有太大压力，毕竟我们又不是百科全书。

探究未知，是一种创造性的思维过程，会有一些冒险性，因此需要营造一种自由、安全的氛围，让孩子能够大胆想象、自由联想，敢于表达自己的新想法，以及不同于他人的创造性想法。

探究的过程是曲折的。相较于客观世界的复杂与变化，人类的主观认识能力十分有限，我们对客观真理的探索总在肯定、否定、否定之否定的过程中，依靠实证逐步逼近客观真理，积累科学知识。所以我们要试着营造出相互信任、允许出错的氛围，鼓励孩子说出自己对问题的理解，阐述自己的观点及理由，提出论据，从而让孩子能够重新审视、仔细核查，多角度深入地思考，提出质疑，面对质疑，逐步形成理性的思维习惯和探索的勇气。

具体到实际的研学过程中，我们可以准备两种不同的方式来引导孩子思考：一种是层层递进（开放式），一种则是直奔主题（命题式）。

开放式的层层递进，就是围绕活动主题，沿着去往目的地的路线，边走边发现，不断地去探索，引导孩子进行提问和思考，层层递进（图 21）。

命题式的方法，则是直奔我们准备好的关键点。最好要有一套亲子研学卡，我们可以忽略过程中所有的经历，直接去寻找研学的主题，去找到关键点，围绕关键点来观察互动。

图 21 ｜ 暖心第一次输液回家，跟我说："妈妈，我应该对我的身体道歉。"我好奇地问她为什么，她说她发现自己最近不太爱自己的身体，然后她画了这张画。我能看到她在逐层递进地问自己：我生病了是什么感受？我为什么会生病？我该如何调整才能不生病？……她自己反思应该多吃哪些食物，不应该多吃什么，应该有什么样的生活习惯……这一切，远远胜过大人们的反复唠叨

这两种形式各有优势。在层层递进的过程中，孩子很有可能在原来的基础上产生新的问题，所以我们要顺藤摸瓜，按照孩子的思路，逐步引导，帮助孩子进行思考、探索；而直奔关键点有明确的目的，能够促使我们很好地完成研学计划。但是在过程中，如果孩子对其中一些设计不感兴趣，没有关系，不要强迫他／她完成，要记住这不是一场考试或者任务，而是释放孩子潜力的机会。如果你的准备工作没有被孩子接受，可能你要好好思考，自己对孩子是否真的了解。

总之，整个研学的过程应该是一次快乐的经历，要围绕我们的主题，营造代入感。有的家长可能会有些困惑，比如孩子只对某个形象或事物感兴趣，但是这个事物相关的内容有些窄，不好递进或延伸，那应该怎么办呢？这时，我们就要换个思路，将这个兴趣融进我们设置的情景。以奥特曼主题活动为例，我们可以带孩子喜欢的奥特曼人偶一起去参加研学，边角色扮演边学习，这样既可以满足孩子的兴趣，又能实现研学的目标。

学会提问

在第二章中，我曾经提到家长如何帮助孩子构建高阶思维，其中写到，在带领孩子开展研学时，家长要尽量从分析、评鉴、创新的层面来向孩子提问，引导孩子的思考。举一个例子，比如某次研学的内容是带着孩子去公园观察树木，那么可以试着提出以下问题并引导孩子思考。

请孩子描述树长什么样子，为什么长这样？

树枝、树叶是不是都散开长的？为什么？（要晒太阳。）

为什么要晒太阳啊？（太阳帮它进行光合作用，吃二氧化碳——这是它的食物，然后把氧气吐出来；所有植物都这样，而动物刚好是相反的。）

为什么要吃碳？（因为树是木头，成分就是碳和水，木炭就是树做的，就像人要吃饭、吃菜、吃肉，补充蛋白质和脂肪。）

那树要不要喝水呢？树怎么喝水？（长长的树根扎在地底下，越干燥的地方，树根越深，可以汲取水分。）

下面的叶子被挡住了，晒不到太阳怎么办？（晒不到太阳的叶子就长得小，就像不吃饭不长个子一样。）

春天和夏天，树叶为什么是绿色的？为什么不和花儿一样是五颜六色的？（树叶中以叶绿素为主，其他颜色少。）

秋天为什么叶子都变黄了？（没营养了，叶绿素会变少，就看到类胡萝卜素的黄色了。家里蔬菜放久了变黄，也是同样的道理。）

为什么有的树枝向上长，有的向下长？（树枝都向太阳长，树叶多了压弯了才向下长。）

树叶中间为什么有那么多硬的脉络？（这些脉络就像血管，输送营养液。）

……

这样的一次亲子研学的提问，就是符合高阶思维的引导过程。那么，我们如何做到在研学过程中使用高阶思维来引导提问呢？这里也有两点建议。

第一，在出游前就列出你想问的问题，并运用高阶思维把它转化成高阶的问题。这里有一张用于深度拓展的问题清单（图 22），家长可以照着清单去提前更新问题。

深度拓展

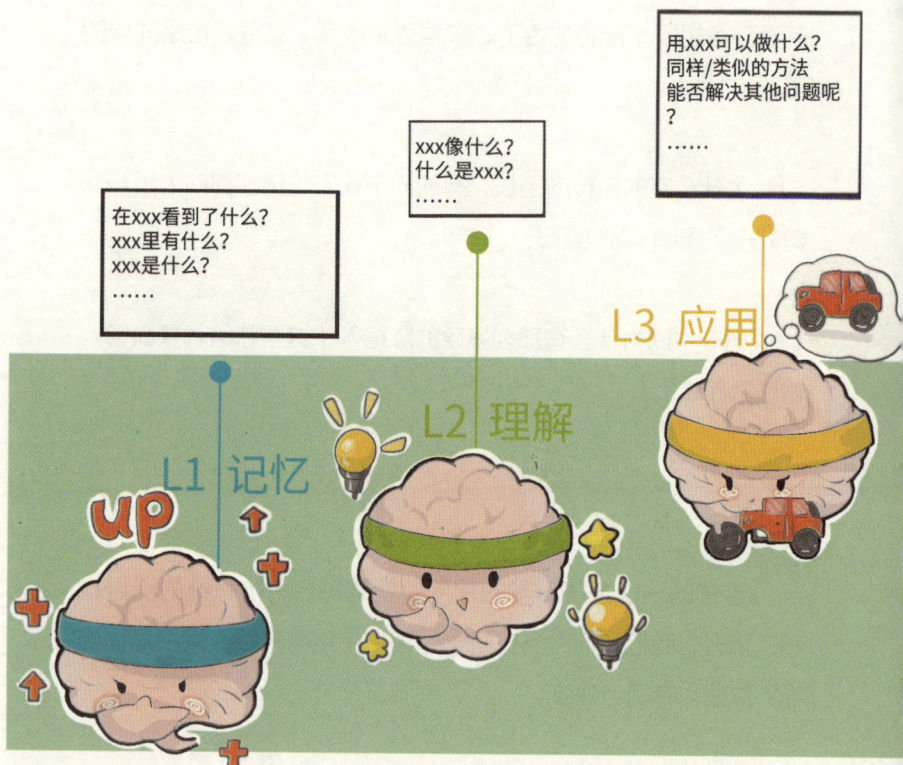

用xxx可以做什么?
同样/类似的方法
能否解决其他问题呢
?
......

xxx像什么?
什么是xxx?
......

在xxx看到了什么?
xxx里有什么?
xxx是什么?
......

L3 应用

L2 理解

L1 记忆

UP

图22 ｜ 深度拓展问题清单

L6 创新

L5 评鉴

L4 分析

xxx的本质是什么?为什么
会xxx?
xx和xx有什么关系?
xx和xx有什么相同和不同
?
为什么最喜欢xx?
为什么xx是……?
为什么xx不是……?
……

xx和xx哪个更好?
为什么?
你选xx还是xx?
为什么?
(基于标准,而不是
常识)
……

为xx创作海报。
为xx创作小故事
(绘本)
……

第二，可以尽量地多问为什么。一连串相互联系的为什么，能够推动孩子的思维向上递进、拓展。这么一想，其实我们的孩子是很厉害的，他／她们最会问为什么。在3到8岁这个大脑发育黄金期，孩子的探究能力是无限的。

在提问的过程中，家长可能会有一些困惑，比如不知道自己问的问题是否符合孩子现阶段的认知，担心问的问题孩子都回答不知道。我认为这种情况可能有两种可能性。

第一种可能是，家长问问题的方式有问题。如果你问的话题大多是与知识相关的，那么孩子在大脑中反复搜索这个知识点，发现没有，就会回答说不知道，但这并不是我们训练的目的，研学不是考试，不是要考察孩子有没有掌握知识，我们训练的是能力和思维，所以要回过头来反思一下你问问题的方式。可能你问问题的模式是"为什么会怎么怎么样"，所以经常被大人考问的孩子的大脑会自动开始搜索题库功能。我们可以改成拓展性的提问方式，比如：你猜猜为什么会这样呀？加上"你猜猜"几个字，孩子可能就会展开各种奇思妙想。

第二种可能性是，孩子不愿意主动思考。那么要解决这个问题，我们应该反思自己日常与孩子互动的方式，我们是否在不经意间给孩子做了不好的表率呢？孩子总是会模仿大人的行为方式，所以家长也需要常常对自己的思考方式有所察觉。

研学之后的拓展

研学的过程，并不是在游玩结束后就结束了，游玩结束后的时间其实是进一步巩固、拓展的重要阶段。那么，游玩之后，我们可以带孩子做什么呢？

第一个选择是做输出（著名的费曼学习法），输出特别有利于孩子加深印象，同时能产生主人翁的参与感，也是对孩子语言和表达能力很好的锻炼。我们鼓励孩子进一步分享、总结和复盘，让他 / 她们来当小老师，将经历或成果、结论等讲给家人听。我的小女儿特别喜欢口头表达，回来给爷爷、奶奶做个主题演讲就是她的最爱。

其次输出的形式可以多种多样，有的孩子喜欢画画，做一个主题海报也是不错的输出。当然，小手工、剪辑视频也都是很好的方式。

在输出的过程中，我们需要让输出的内容必须是"经过思考和整理"的成果；必须是"不但可展示，且可讲解"的成果。比如照片不可以，但经过组织的相册可以，有逻辑的路线图可以，因为从照片到相册经过了思考和整理，达到了能力和思维训练的目的。同样的，植物标本不可接受，但编成可讲的故事，或是做成可分享的知识也是可以的。

第二个选择就是带上孩子来做个游后总结，这便于和孩子形成共同记忆。游后总结，很多朋友喜欢记录在漂亮的笔记本上，或者用电子笔记记录，都是很好的选择。

如果你对于具体怎么进行总结活动还有些困惑，可以参考这张游后总结表（表6）。这个表单主要分成三个部分，第一个部分叫作记录，第二个部分叫作简化，第三个部分是总结栏，用于思考和拓展。这里给大家提供一个游后总结表的示意。

表6 | 游后总结表

时间：	地点：	参与人：
简化（回忆的提示）	记录（可记录过程，贴照片等）	

总结栏（用于思考和拓展）

第一部分，记录。大家可以记录某一次美妙的经历，相关的照片也可以贴进去。

第二部分，简化。对于每一次研学活动，我们在复盘的时候都应该从记忆里面提炼关键词，总结出活动中最重要的发现和收获，便于我们以后在查找的时候能快速找到。

第三部分，总结。在这里，我们要带孩子进行高阶思维中的创新，鼓励他／她创作一个跟研学相关的小作品，可以是前面提到的海报、小手工、视频剪辑、一个故事等形式，总而言之，应该是"经过思考和整理""不但可展示，且可讲解"的成果，并找机会跟更多人分享（图23）。

第三种选择就是带上孩子去进一步地查找资料、深入分析。主动建构知识也是亲子研学非常重要的一个步骤。

图23 │ 进一步查找资料、深入分析对于孩子而言是一个特别有趣的过程，记得舒心不到7岁时做过一个塑料实验，当她通过查找资料发现塑料不仅仅是塑料瓶的时候，她高兴坏了，把所有能找到的塑料类型都收集了起来，自己还用塑料片做了一个立体的森林故事。这个过程就是孩子主动建构知识的过程，比被动地读读背背既要有趣得多，又深刻得多

我们不要惧怕深度拓展，担心自己的知识面不够，成为孩子的天花板，细细感受这个故事，纵向拓展从来没有要求妈妈们都变成百科全书！我们关注的是思维能力的训练，关注的是培养孩子思考及学习的能力。

　　往往在一次研学之后，孩子都会产生新的疑问、新的好奇、更加深入的兴趣，这是我们非常好的机会，可以围绕这些话题再次循环进入新的亲子研学活动。

研学小贴士：开始你的畅想

　　还记得你最想和孩子一起去的三个目的地吗？

　　现在，花一点时间，来动笔策划你的畅想和计划吧，给孩子一个全新的、完美的亲子研学！

第五章

亲子研学的四个锦囊

激发生命，

让生命自由发展，

这是教育者的首要任务。

——玛利亚·蒙台梭利

我们已经了解了亲子研学的基本方法，这一章则针对研学活动中会出现的各种问题，为各位家长提供 4 个可以随时参考的锦囊妙招。掌握了这些方法，研学的过程就可以事半功倍了。

锦囊一：制造好奇，事半功倍

制造好奇的前提是要保护好奇。科学家发现，婴幼儿从三四个月大，就开始对没见过的场面和盖住的盒子感兴趣，这是人类好奇心的最早展现。可以说，每个宝宝天生就是好奇专家，是有"十万个为什么"的宝宝。那是什么摧毁了孩子的好奇心呢？下面我们归纳了家长们回复孩子"为什么"的 7 种方式，看看你属于哪一种吧。

第一类，直接拒绝回答问题。孩子问：蜜蜂为什么都围着花转来转去？你回答：就你问题多，没有为什么；我现在很忙，问你爸爸 / 妈妈去！

第二类，不给出任何有实质内容的回应，相当于重复了一下这个问题，孩子问：蜜蜂为什么都围着花转来转去？你的回答是：蜜蜂就是喜欢围着花转来转去！

第三类，承认自己不知道，或者直接给出答案。这类回答的通常话术是：哦，我不知道；或者告诉孩子：因为蜜蜂要采蜜呀！给一个较合理的答案。

第四类，鼓励孩子去权威信息源寻找答案。遇到自己不知道的问题，有的家长会说：等我回家给你在百科全书里查一查；或者说：你可以试试在百科全书里面去找一找。

第五类，和孩子一起思考多种可能性，最常见的就是和孩子一起做头脑风暴，展开自由联想和讨论，畅所欲言：可能花里有蜜蜂喜欢的食物；可能花朵和蜜蜂是好朋友；可能花会分泌什么东西，吸引了蜜蜂；可能花很漂亮，蜜蜂很喜欢它（图24）……

第六类，和孩子做完头脑风暴以后，你们各自有很多很多的猜测，然后你再跟孩子进一步讨论，刚才头脑风暴中的猜测，哪个对的可能性更高。

图24 │ 某日下午，舒心发现蜜蜂围着院子里的花绕来绕去，她先是跑回家找我要了手机，拿去拍照记录了下来。当她拿着相机来回打量的时候，她发现蜜蜂并没有被吓走，而是仍然在那里绕来绕去，她问我："蜜蜂为什么都围着花转来转去？"于是我们有了以上的对话。在这场对话结束后，舒心还是喜欢用画笔来记录她发现的一切，只有3岁的妹妹也积极参与其中

第七类，经过头脑风暴，你和孩子有很多很多的猜测，再一起进一步讨论，并且去查阅相关权威资料，找找最可能的答案是什么。

面对孩子的提问，你是这7种类型中的哪一种呢？你有没有意识到，正是我们日积月累的回复，塑造了今天、明天的孩子。我在大学里上课，最经常遇到的一个困难就是——当我问我的学生：你为什么选择这个专业？你毕业以后想成为什么样的人？他／她们的回答都是不知道。这是一个很可怕的答案，因为在不知道里，他／她们迷失了自己。

我们来看看上面的7种回答，到底哪些破坏了孩子的好奇心，哪些保护了孩子的好奇心。

第一种，采用拒绝的方式，孩子的好奇心可能会被你严重打击，他／她会认为问问题可能是不对的，或者是不应该提出来。时间长了，孩子遇到不了解的东西，就不敢再问了，或者干脆就装作了解。

第二种，用重复问题的方式来回答，表面上看似回答了问题，其实是在敷衍，对孩子没有任何帮助。

第三种，承认自己不知道，或者给出一个较合理的答案，有可能前者的效果更好。我们过去认为能够直接给出答案，代表家长很有水平，其实并非如此，这样直接给出的知识对于孩子来说是传授式的，不够生动有趣，他／她没有机会通过互动的方式来吸收，当然很快也就忘记了。反而是有些时候，你主动告诉孩子自己不知道，孩子能够了解原来大人也有不知道的事情，有的孩子恰恰会因为大人不知道，而很乐于去探索和发现，从而帮助大人。

第四种回答里的两种方式，虽然有些类似，但是我认为鼓励孩子自己查要好得多，可以帮助孩子养成为自己的学习负责的态度，从而推动他／她去主动学习。

第五种方式，和孩子一起做头脑风暴，可能会得出意想不到的答案。孩子的解释你听起来可能会觉得很疯狂，但是不要急于否定他／她的解释，这是他／她基于自己的知识与思考合理推断出来的。通过头脑风暴，我们帮助孩子培养提出假设的能力，这是帮助孩子培养良好的科学素养的关键。

第六种方式能够让这个过程更加深入，比如我们可以和孩子讨论如何排除个人想象化的解释，去讨论头脑风暴中的哪些答案更加合理。

第七种方式则是最后的升华，这是一个验证假设的过程，孩子不仅学会了如何思考，而且学会了验证自己的想法。

所以，想要保护孩子的好奇心，我们应该尽可能地按后面几种方式去做。对于的确很忙的父母来说，至少也应该做到鼓励孩子自己去查找资料，得到结论。

在这个过程中，尽管有时候我们会觉得孩子的猜测有些幼稚，但这正是孩子在这个年龄阶段，基于已有知识给出的答案，他／她已经做到自己的最好了。做完头脑风暴后，我们可以再带孩子去查找权威资料，梳理相关知识，在这个过程中，孩子会一直带着问题参与其中，迫不及待地想看看自己的想法是否正确。这时，孩子已经在不知不觉中构建了解决问题、探索未知的整体逻辑。

有了好奇心的基础，我们来看看怎么制造好奇。我把它归纳为3点。

第一，从孩子的兴趣出发。根据特性表里孩子的兴趣去做叠加，就可以制造好奇。就像之前提过的，孩子喜欢大怪兽，去故宫研学的主题就可以定为"故宫里的大怪兽"，一路上，我们就带着孩子去找各种大怪兽，让他／她也爱上故宫；孩子喜欢奥特曼，去消防博物馆的研学主题就可以是"看奥特曼如何火场逃生"，带上孩子喜欢的奥特曼人偶，边玩边学。

第二，用孩子喜欢的方式进行沟通。要知道，孩子是不能像成人一样与我们交流的，但是我们可以减龄到孩子的年龄，蹲下来跟孩子建立平等、同频的沟通。2至7岁的孩子认为万物有灵，那适合他／她们的方式就是童话故事。家门口的小蜗牛一直爬呀爬，你就可以跟孩子一起对蜗牛说："亲爱的小白，你是不是找不到妈妈了，我们来帮帮你吧！"采用孩子喜欢的方式，才能跟他／她们同频共振，为他／她们制造好奇（图25）。

图 25 ｜ 我很喜欢带孩子到博物馆开展亲子研学，很多家长会觉得博物馆对于孩子而言没有太大的乐趣，其实问题出在我们大人没有起到好的引导作用

第三，设置一些动手的活动，来激发孩子的好奇心。我们会发现，孩子天生喜欢能够动手参与的活动，所以我们在亲子研学中，要多提供一些需要动手的活动。比如：去石刻艺术博物馆，可以设置一个动手画石头、做拓印的环节；去大自然研学，可以用捡到的树叶创作一个艺术品……这些方式都可以提高孩子的参与感和主动性。

记得在一次讲座里，一位妈妈跟我说：老师，我非常想带孩子去博物馆，但是我的孩子不要去！于是我让她复述了一下经过，她说她特意跟孩子说：周末妈妈带你去博物馆吧！孩子问：什么是博物馆呀？认真的妈妈去查了一下百度，又认真地告诉孩子：博物馆就是放先人遗物的地方！孩子好奇地问：妈妈，什么是先人？什么是遗物呀？妈妈认真地回答：先人就是已经死了的人，遗物就是他 / 她们以前活着的时候用过的东西！孩子马上说：妈妈，我不要去博物馆！妈妈说：去吧，博物馆里有很多知识！孩子强烈地说：不要，不要！

从这个故事里，我们可以明白，当白纸般的孩子开始接触世界的时候，他 / 她们的第一认知往往是大人给的，我们就像他 / 她们的眼睛，帮助他 / 她们去认识这个世界。如何让生命的探索充满乐趣、喜悦和幸福，这恰恰是我们为人父母重要的工作。

锦囊二：放慢陪伴，仔细观察

龙应台的书里写过一个故事，我印象很深刻。有一次她在花店买花，卖花的老奶奶从桶里取出 20 枝玫瑰，交给自己 5 岁的小孙子，转身去找钱。

小孙子很慎重地用草绳绑花，但是他的手太小了，花枝又比较多，草绳又长，他想打个蝴蝶结，手指绕来绕去，那个结还是打不起来。

老奶奶生气了，骂自己的孙子慢慢腾腾，让客人等待，甚至还推了小孙子一把。龙应台连忙说："不要紧，我时间很多，让他慢慢来吧。"

小家伙认认真真地打了很久的蝴蝶结，一次又一次失败，龙应台并不着急，坐在旁边，微笑着等他打好那个蝴蝶结。

对一个 5 岁的孩子来说，打蝴蝶结并不是一件容易的事情。但是这个小家伙愿意去挑战，我们为什么不给他一个机会呢？在挑战的过程中，孩子的手眼协调能力都会得到提高，他在一次一次挫败中不断地尝试，这也是勇气和信心慢慢积累的过程。

在奶奶的压力之下，孩子还能够从容地打蝴蝶结，这是非常难能可贵的。他的专注力非常强，并且不怕失败，愿意为了自己的目标不断地努力。如此强大的心理素质，是我们大人都需要去学习的。

诚然，孩子可以随便打一个死结，也可以请求奶奶帮忙。但是这样一来，孩子就会意识到：原来工作可以随随便便凑合一下；原来我可以不用付出那么多努力，找个人帮忙就行了。大人的催促，并不能让我们的孩子变得更优秀，反而会破坏孩子的专注力，也往往会让他/她失去提高自己的机会。让孩子慢慢来，给他/她足够的时间去成长，不要逼他/她成熟，这样他/她才会更加自信和独立。

有的家长可能会认为，在我们的催促之下，孩子很快完成了任务，但是，因为我们的催促，孩子在做事情的时候难免会紧张，为了加速完成，他/她的认真程度往往会大打折扣。在快节奏的影响下，孩子慢慢地没时间去玩，也没时间思考了，这样下去，他/她很容易变得没有主见，十分依赖别人。

可能有的家长会说：我提前做了亲子研学的游前规划，如果不催他/她的话，可能原来拟定的任务清单就没有办法完成了。这其实恰恰提醒了我们研学的另一个要点，那就是做减法。

我们不催促孩子，结果游前规划没有办法完成，可能是下面两种情况：第一种情况，我们还是缺乏对孩子的了解，不能从孩子的角度考虑问题，主观规划太多；第二种情况可能是，孩子对眼下的某个要点太感兴趣，愿意多投入，去深入了解，这是非常好的，因为见微知著才是最重要的。

所以，如果在过程中没有办法完成原计划，我们应该安安心心地去做减法。少几个流程，少几个任务根本没有关系。只有我们放慢了，才能真正引导孩子进行深入的观察（图26）。

图26 | 一次在带小朋友们去博物馆，我引导大家去观察：今天在动物博物馆里，我们看到最大的动物是什么？小朋友们很快发现了在大厅空中悬挂的蓝鲸。它真的好大呀！它有多大呢？大家都在想各种方法，把这头大蓝鲸的长度测量出来，这张图片记录了当时大家想到的手拉手测量的办法

锦囊三：巧用提问，开启智慧

在第二章和第四章中，我都有提到，大家提问的时候，可以有意识地培养孩子的高阶思维，尽量从分析、评鉴、创新的层面来对孩子进行引导提问。可能有的家长对这一点还是会有些模糊，我来总结提炼一下。

分析层面：家长可以多问"为什么"。以往很多家长喜欢问"是什么"，现在你要做的，就是在"是什么"后面再加一个"为什么"。这是一只小狗，为什么是一只小狗呢？再继续追加"为什么不是什么呢？"。为什么不是一只小猫呢？通过这样循序渐进的方式，我们可以帮助孩子逐步探索事物的本质。

评鉴层面：第一步，我们带着孩子做比较，哪个好，哪个他 / 她比较喜欢，哪个有用，哪个最好，等等，用这样的问题来训练孩子的判断力；第二步：加上"为什么"，先做比较，然后问"为什么"。为什么他 / 她觉得这个东西更好，为什么他 / 她更喜欢那个东西……

创新层面：在研学之后，我们要带着孩子一起做研学总结，通过再整理、再思考、再创作，完成一次又一次的创新。别忘了，必须是"经过思考和整理""不但可展示，且可讲解"的成果。

用这样的方式来向孩子提问，孩子就会越问越"聪明"。

锦囊四：逐层递进，拓展认知

亲子研学可以往两个方向拓展，横向拓展孩子的认知面，纵向拓展孩子的思考力。

横向拓展，就是向科学启蒙、艺术启蒙、传统文化启蒙、财商启蒙等几个方向拓展。这几个大的方向，在亲子研学中可以灵活组合。其实无论哪一个话题，都很容易围绕着这四个方向去拓展。

还是以我的小女儿为例。她喜欢花仙子，于是我为她准备了一场跟花有关的亲子研学。带着孩子去赏花，从横向上可以做这些拓展。

科学启蒙：数一数花瓣，观察规律；摸一摸花瓣，看手会不会染色，了解色素；闻一闻花的味道，想想花香的作用……

艺术启蒙：感受花的美、花的香，能不能让孩子想象去画一朵最香的鲜花？

文化启蒙：和花有关的成语有哪些？诗词歌赋又有哪些？

财商启蒙：想想花还有什么用途？发现花的商业价值。

大家也许能够想到不少内容，无论多还是少，都没有关系，围绕四大方向去横向发散，我们就能非常轻松地去进行横向拓展了。

还是这场跟花朵相关的研学活动，从纵向看，又能拓展出许多问题和思考："你看这是什么？""一朵玫瑰。""为什么是玫瑰呀？""因为，它有刺，它很香，有一股玫瑰的味道。"家长可以接着引导："你看，你看，旁边这朵花也有刺，闻一闻也很香，它是玫瑰吗？"孩子说："是的！"家长提醒："哦！宝贝，有刺和很香的花，可不一定是玫瑰哦，我们来观察一下这两种花。"然后我们再继续引导孩子深入地观察。以下是我跟小女儿之间的对话。

"你发现了什么不同？"（这时孩子的认知发生了冲突，开始去顺应这个不平衡。）

"哦，这个花的刺比较大，而且比较少，它的花朵也比那个大很多，闻一闻，香味也是不一样的。"

"太棒了，宝贝，你观察到了，这种花叫作月季"。

"玫瑰和月季，你更喜欢哪一种呢？为什么？"

"我更喜欢玫瑰，因为它更香！"

"妈妈也喜欢玫瑰，玫瑰有很多很多的用途，还可以吃呢。"

"妈妈，我可以尝尝吗？"

"可以是可以，但是妈妈不知道怎么制作呀？你觉得可以怎么制作？"

"可以炒着吃！蒸着吃！烧烤吃……"

"太有意思了，回家晚上，妈妈陪你去查查资料，看看能怎么吃，好不好？"

……

晚上到家，我又带着孩子继续查找专业资料，帮助她拓展了其他相关知识。原来玫瑰也分为可食用和不可食用的，可食用的玫瑰果实富含维生素，有很高的营养价值，而玫瑰果实就是玫瑰凋谢后由花托发育而成的肉质浆果。

在这个过程中，我们绝对不要担心自己的知识面不够，惧怕深度拓展，只要尽力地感受过程就好。纵向拓展从来没有要求家长们都变成百科全书。

研学妈妈的"辞旧迎新"

　　习惯了应试教育的我们，对身边真实环境中的各种常见现象熟视无睹，因为我们总觉得，学生时代老师已经告诉我们答案了。所以对于孩子们的问题，我们也会迫不及待地要给一个答案，甚至有很多家长因为不能很快找到答案而备受困扰。

　　我们先来看一个例子，体会一下如何在真实环境中创造与书本教育不同的学习场景。假设我们带孩子去植物园或者郊外玩，看到很多标志牌上介绍植物有"向光运动"。作为关心孩子教育的妈妈，可能我们会告诉孩子，植物需要阳光才能进行光合作用，才能长个儿，所以它们会尽量朝着太阳，吸收更多的阳光。这当然没问题，老师们在学校也是这么教的。那我们有没有想过一个问题：植物怎么判断太阳在哪个方向？植物有眼睛吗？

　　其实这样一个看上去不像是问题的问题，恰好是紧接着上一个结论进一步思考而出现的。当好奇的孩子问出这个问题，我们大概率会灌输知识："肯定没眼睛啊，动物才有眼睛，植物没有眼睛。"我们认为自己给了正确的答案，却恰恰给孩子关闭了一扇探索世界的门。

　　实际上，我们认为理所当然的"向光运动"这个结论，困扰了科学家五六十年，经历了无数的研究验证，才终于得以确认。从达尔文开始，科学家就注意到植物向着太阳生长的现象，他们不但好奇植物有没有眼睛，是怎么看到太阳的；还关心是植物上哪个部分——花朵、叶子还是花茎——能看到太阳，所以转向阳光。

科学家们不停地做实验，用黑布罩住植物的不同部位，看它们是否还会朝着阳光运动；他们用各种植物——从幼苗到成熟的植物——重复同样的实验，来寻找规律，最后确认植物的茎梢部位可以感知到阳光（图27）。到了这个阶段，他们还会怀疑，植物会不会其实并未感知到阳光，而是受地球自转重力变化的影响才发生运动。所以他们把植物送上太空，在失重环境下发现，植物还会向太阳的方向弯曲。就这样，经过几代科学家几十年的探索，才形成生物课本上"向光运动"的概念。

对照（幼苗）　去顶　顶上加不透明的帽　顶上加透明的帽　用不透明薄膜将基部包起

光

图 27　│　达尔文向光性实验示意图

可见，在真实环境中，保持对习以为常事物的无限好奇，是孩子身上多么有趣和宝贵的能力，这也是他/她们天生的优势。作为重视家庭教育的爸爸妈妈，从现在开始，让我们带上四大锦囊，辞旧迎新，告别简单粗暴的"标准答案"，退居孩子身后，在各种环境中有意识地引导孩子进行观察，欢迎孩子提出天马行空的问题，并引领他/她们一起探寻这个有趣的世界吧。

四大锦囊随身带，日常生活"研"起来

　　人类的天性是好奇和探索。一个有趣的故事，一本有意思的绘本，一个有启发性的问题，一件有挑战的任务，都可以开启我们亲子研学的奇妙之旅。我们可以运用"制造好奇，事半功倍"的锦囊把我们平淡无奇的日常生活点亮，让每一天的互动、每一趟外出都成为有趣又有益的研学活动。

　　夏日炎炎的时候，每出一趟门，都会汗流浃背，我和舒心、暖心商量，一起去一趟超市，把最近需要的商品买回来。孩子们觉得这是一件既有挑战，又特别有趣的工作。出发前，我们讨论了如何才能不遗漏需要购买的商品。舒心很快想到，可以做一个购物清单，暖心也积极补充到，不仅要把自己需要的东西写到购物清单里，还应该问问家里其他成员有没有什么需要的，这样才够周全。我们做了一个购物清单，上面写上了拟购物品的名称，还有需要的数量，然后就出发了。

　　到了超市，拿出购物清单，我很无奈地问孩子们："那么多东西，我们要怎么样才能找得到呀？"带着我的困惑，舒心、暖心马上开始了各自的探索。舒心首先发现，超市里有一些用于分区的指示牌，比如日用品、生鲜、食品等，我们可以先按这些分类把清单里的东西整理一下，然后在不同的分区集中采购，逐步搜索找到我们要的东西；暖心的办法相对直接，她以最快的速度跑去问了超市服务员，服务员很耐心地告诉她，她找的东西在哪里。

在亲子研学的过程中，小朋友总会有自己的办法。在询问了几次服务员后，暖心也觉得这样的办法不是特别好，于是开始跟随姐姐了解分区，分析清单里的物品属于什么类别。当找到姥姥要的橄榄油时，她们发现橄榄油的品牌太多了，不知道该怎么挑选。我在一边引导她们观察这些橄榄油有哪些不同。妹妹很快发现，价格是不同的，她想给姥姥买一瓶最便宜的；姐姐表示不同意，她觉得最便宜的肯定不好。这样的冲突持续了几分钟，双方各有各的道理。我在一旁引导孩子们思考，给姥姥挑选的橄榄油是给全家人吃的，那么我们应该依据什么标准来挑选呢？为什么要用这样的标准？

在跟孩子们提问互动的时候，我们要注意导入高阶思维，这样他／她们的思考会越来越深入。舒心、暖心想到的标准是：健康，以及不能超出预算。她们开始仔细研究橄榄油的产品说明标签，在上面发现"特级""一级"之类的不同标识，而在成分里面，不饱和脂肪酸这个数据差异比较大。带着这些疑问，妹妹去咨询了服务员，姐姐让我在手机上协助她查阅了这些名词的意思。

这是一个逐层递进、拓展认知的过程，在陪伴孩子的同时，我也收获了很多知识。回到家里，孩子们特别开心地按照清单，给每一个家庭成员交付了他们所需的物品。妹妹拿着橄榄油去给姥姥上课，告诉姥姥以后如何挑选。我不由地感慨，这是一次多么美妙的购物体验呀。是的，当我们做出一点点改变，就会发现生活中的点点滴滴都是孩子们学习的资源。我想，古人云"读万卷书不如行万里路"，也就是这个意思了。

研学小贴士：资料搜查小能手

　　准备亲子研学活动时，或是研学结束后，往往需要带孩子进一步地搜索资料。这里给大家两点建议：第一，从权威的信息来源搜索资料，儿童类权威信息主要包括百科类信息来源，有网站（百度百科、秒懂百科、知网百科等）、书籍（DK的儿童百科全书、大英百科全书、中国大百科全书等）、科学数据库（知网数据库、万方数据库、维普数据库等）、实体资料库（档案馆、资料馆、图书馆等）（图28，图29）。可靠的信息来源是保障我们搜索到的资料的质量最关键的一步。无论线下去搜索，还是线上用手机、电脑搜索等，都没有关系，重要的是信息来源是否权威可靠。第二，通过对多个来源渠道的信息去做相互验证。如果不同来源的信息，重合度越高，就说明这个信息越可靠。

图28 | 习惯了查找资料的舒心，一次在书店看到了这本家庭医生的书，从此以后家里人只要有不舒服，她都会像小医生一样去诊治。一天，我看见她在给妹妹治疗，好奇的我过去拍下了一切

搜索资料后，我们往往需要提取信息然后构建/完善自己的知识体系。结合高阶思维，重要的是带孩子从底层开始构建，通过引导阅读，我们首先完成了记忆的工作。接下来很重要的是，围绕关键词，让孩子用他/她的话来讲讲自己的理解。这个过程其实就完成了对知识的初步提取，也是孩子自我建构知识体系的起点。接着，我们把孩子所理解的知识，放到各种具体的情境中，引导孩子思考，达到初步的应用。我们可以带着孩子探索更多的资料来源，引入更多的观点，带着孩子进一步分析，从分析的过程中，开放性地去探讨，帮助孩子建构自己的观点，这时孩子已经完成了知识的提取工作。

那如何更好地回答孩子的提问呢？我们绝不能做百科全书，不要让孩子养成直接获取答案的坏习惯，其实这也反映出很多家长喜欢做知识权威的坏习惯。我们并不能时刻陪在孩子身边去答疑，更重要的是在孩子的问题中，引导他/她主动思考和行动。

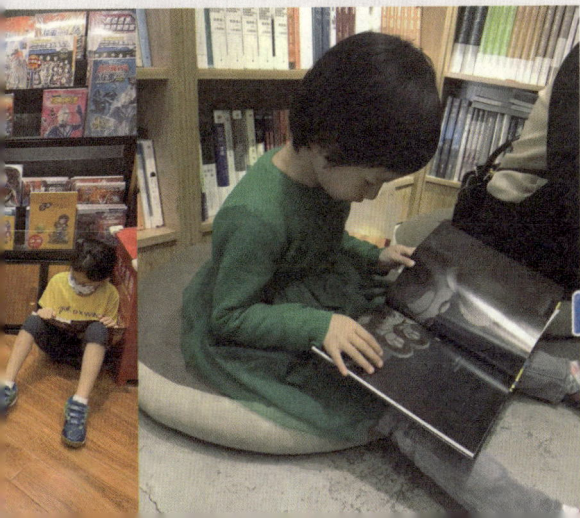

图 29 ｜ 想要从小给孩子养成好习惯，书店一定是我们要常带孩子去的地方，这里不仅能拓展上一次研学的收获，更会开启下一段奇妙的旅程

如何引导他/她主动思考？带上高阶思维，通过三步来完成。第一步，认可孩子的提问："哇！你的这个问题真的很有意思！""这个问题有点难住我了……"帮孩子建立问题的认同感；第二步，通过头脑风暴，引出假设："妈妈觉得可能是……，或者……，你有什么思考吗？"往往这个时候，孩子会开始启动思考，为自己的问题寻找各种答案；第三步，带着孩子去搜索资料，做假设－检验。看看我们刚才一起想到的各种可能，哪些经过了验证，哪些不太合理。这个过程就是引导孩子养成自学能力的过程。

第六章

亲子研学实操案例

家庭应该是爱、欢乐和笑的殿堂。

——木村久一

一个孩子从出生，到幼儿期，再到学龄前，最后到成年，要经历十几年。这个过程好像很漫长，但很多人却会觉得童年十分短暂。很多家长会感到恍惚，怎么一眨眼，孩子就长大了！在这短短十年左右的时间里，孩子经历着翻天覆地的变化。当我们开始亲子研学的实践，重新审视日常的陪伴，用科学的方式认识真实的世界，就会带给孩子不一样的视角帮助孩子更好地成长。作为父母，有时我会感到非常幸运，能够亲身经历并影响孩子的成长这一波澜壮阔的过程。

在做父母这件事情上，我们目标一致，但在具体的亲子研学中，每个家庭都需要根据自身的情况来制订最适合的活动计划。目前市场上的部分研学活动质量堪忧，活动中孩子们只是被动式地参与，走马观花，又谈何收获？

其实我们的陪伴才是孩子探索世界的最大资源。当你掌握了亲子研学的方法，你就会发现生活处处可研学，我来举一些例子。

在家里，我们可以从最普通的桌椅出发，和孩子一起观察桌椅的形状特征：桌椅有几条腿？可以更多或更少吗？为什么？你想设计什么样的桌椅？

从桌子的功能出发：如果没有桌子我们怎么吃饭？除了吃饭，桌子还有什么用途？第一个设计桌子的人是怎么想到的？

从使用体验出发：拖动桌子是不是会吵到楼下？我们可以怎么解决？桌子可不可以没有腿？

在家里，同样可以作为亲子研学对象的物品，还有吸尘器、杯子、防滑垫、螺丝刀、水桶、水龙头、门把手……

在小区，和孩子一起散步时，我们可以把一旁的路灯作为切入点。

从灯的功能出发：灯为什么会亮？电从哪里来？为什么路灯晚上会亮，而白天不亮？路灯是怎么知道天黑的？

从灯的外形出发：路灯为什么这么高？可以到10层楼那么高吗？可以比现在更矮吗？

从使用体验出发：（以前）没有路灯，人们晚上怎么看路？路灯除了照明，这么长的杆子还能用来做什么？路灯隔一段距离才有一个，隔多远安装一个最合适？

小区同样可以作为亲子研学对象的还有消防设施、车库、单元门禁、公共娱乐场地、小区里植物、垃圾分类设施……

你会发现，从家里、社区，到公路、地铁、超市、商场、游泳池，再到公园、郊外、旅游景点，只要你开始留心观察，到处都能延伸出无穷无尽、有意思的亲子研学内容。下面我给大家介绍一些通用的亲子研学实操案例，这些案例记录着我和孩子共同实践的活动，相信能够让你轻松上手，和我一起带上孩子开始一场奇妙的探索之旅！

我和我家

小宝宝也能在家研学

场景：家里。

目的：感知觉发展。

适宜年龄：0—1.5 岁。

内容描述：自己在家时，带小宝宝来做个"找找找"的亲子研学活动吧。

在宝宝清醒且情绪愉快的时候，我们让宝宝坐在身边，然后用手指在宝宝身边做爬行状，并说：小手指找找找，找到一只小螃蟹，爬呀爬，爬到这里了，爬到那里了（大人用手指来表达小螃蟹的感觉），哈哈，找到宝宝了！说的时候，家长可以绘声绘色一些，吸引宝宝的注意力。

触到宝宝后，我们可以迅速、轻轻地给宝宝挠痒痒，挠他 / 她的手指、胳膊、脖子、肚子等，并同步告诉孩子，找到小手了，找到胳膊了，找到肚子了……刺激宝宝各个部位的触觉，增加互动乐趣。

跟宝宝互动完以后，我们进一步带着他 / 她去做更多感知觉的探索。抱起宝宝，小手指继续找呀找（家长摆出手指在爬动的感觉），比如爬到布娃娃身上，挠一挠布娃娃——布娃娃倒了，布娃娃软软的；拉着宝宝的小手也去试一试，感受一下布娃娃软软的感觉，孩子把布娃娃挠倒了，也会表现出兴奋；继续找呀找，找到一个塑料玩具，小手摸一摸，硬硬的……我们用这样的形式，带孩子在家找各种不同感觉的东西，硬的、软的、光滑的、粗糙的、有毛的、不同颜色的、不同味道的、不同气味的，等等（图30）。

这样的居家亲子研学是可以反复开展的，而且可以围绕不同感官的发育而有不同的侧重，比如在餐桌用鼻子、嘴巴感受味道，在客厅用耳朵感受美妙的音乐，等等。

图30 ｜ 家里的各种物品都是孩子研学的对象，可以观察它们的特点，研究它们的用途。从孩子的图画记录中，你能猜出她研究的是什么工具吗

我们一起照镜子

场景：家里。

目的：思维训练。

适宜年龄：3—6岁。

内容描述：从孩子会洗漱、穿衣开始，我们就已经在带着孩子照镜子了。可能，你还没有发现，原来照镜子这个每天都在进行的亲子互动，也可以研学，而且这里面还蕴藏着重要的思维训练。

我们就从认识"左"和"右"开始吧。当孩子开始区别左手和右手的时候，我们带孩子照着镜子刷牙，孩子右手拿着小牙刷，我们可以引导问：小宝宝在用哪只手刷牙呀？宝宝回答：右手！我们继续引导孩子看看镜子里面的小宝宝，然后问：那镜子里面的宝宝是用哪只小手刷牙呀？这时很多宝宝都会直接回答：右手。我们可以来跟孩子做扮演镜子角色的互动，我们站到孩子的对面，扮演镜子中的宝宝，竖起大拇指当成小牙刷。当我们转过身来跟孩子面向同一个方向的时候，再一起来看看到底是哪只手拿了小牙刷。孩子就可能会说：哇，不可思议，怎么变成左手了！这样的互动就让孩子对镜像有了初步的印象。

随着孩子的年龄增长，照镜的研学观察可以更加深入，经常看看衣服上面的文字、图案在镜子里的样子。这些都是小学数学思维竞赛中的常考题型哦（图31，图32）。

Ella puts on this t-shirt and stands in front of a mirror. Which of these images does she

see in the mirror?

chuān zhe shàng fāng de   xù zhàn zài jìng zi qián   qǐng wèn tā zài jìng zi zhōng
Ella 穿 着 上 方 的 T恤 站 在 镜 子 前 , 请 问 她 在 镜 子 中
kàn dào de tú xiàng shì nǎ yí gè
看 到 的 图 像 是 哪 一 个 ?

(A) 2021　　(B) 1202　　(C) 0212　　(D) 1202　　(E) 1202

图 31 ｜ 2021 年袋鼠数学竞赛真题

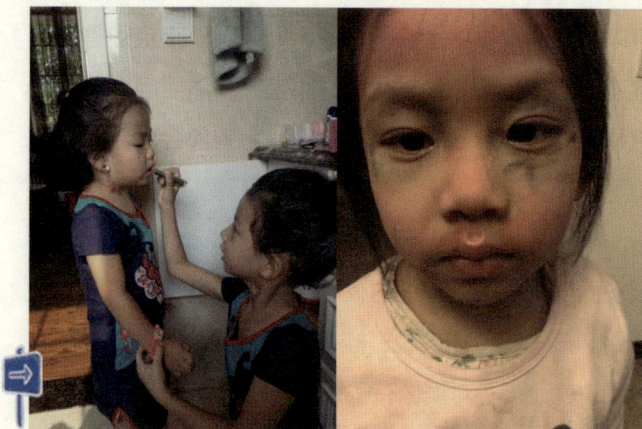

图 32 ｜ 家有两个女儿,她们小时候都爱在家偷偷化妆,无论妆容如何,都是她们对美的最初探索。自从发现妹妹把自己画成那样之后,我们进行了一次严肃的化妆品研学,从那次以后,孩子们再也不去偷偷化妆了。孩子们是非常懂道理的,关键是我们有没有用心去给孩子呈现这些道理

家庭生活功能区

场景：家里。

目的：了解家庭生活的需求、思考居住的功能布局、建立家庭安全意识、动手设计我们的家。

适宜年龄：4—6 岁。

内容描述：跟孩子一起宅在家里，我们不妨带孩子来一次家庭"深度游"。让我们从参观每个房间开始，带孩子重新参观的时候，不妨问问孩子这 5 个问题：谁经常使用这个房间？他 / 她们常常在这个房间里干什么呀？这个房间里面都有什么家具、家电？这些家具、家电都发挥了什么作用？这个房间有没有什么危险的地方，为什么？

当我们带着孩子"深度游"一圈之后，可以进一步讨论家庭住宅都有的 6 个基本功能：起居、饮食、洗浴、就寝、学习 / 工作、储存，一起来思考，这些功能在我们的家里是怎么实现的？

最后，别忘了带上孩子一起畅想一下，如果我们自己动手来设计我们的家，梦想的家会长成什么样子呢？

· 亲子研学卡设计参考

客厅
功能：用于接待客人的大厅，也是家人互动的重要场所。
家具、家电：沙发、茶几、电视柜、电视等。
提问：有客人来访时，我们应该注意什么？

餐厅

功能：与家人一起享用美食的地方。餐厅经常和客厅共用空间。

家具、家电：餐桌、座椅、餐边柜等。

提问：家人用餐的时候，小朋友可以在餐厅打闹嬉戏吗？为什么？

厨房

功能：准备食物并进行烹饪的地方。

家具、家电：炉具（瓦斯炉、电炉、微波炉或烤箱）、清洗区设施（洗碗槽或是洗碗机）及储存食物的设备（如冰箱、冰柜）等（图33）。

提问：厨房是小朋友可以随意进出的地方吗？为什么？

图33 | 厨房也是个好地方，在这里孩子们"研"得不亦乐乎，还锻炼了动手能力，爸爸、妈妈们就等着享用美食吧

卧室

功能：家人睡觉、休息的地方。

家具、家电：床、床头柜、衣柜等。

提问：数数家里一共有几间卧室？你能说出它们都有哪些不同？

书房

功能：家人阅读、书写、学习、工作的地方。书房经常和卧室共用空间。

家具、家电：书桌椅、书架等。

提问：爸爸、妈妈经常在书房学习工作，那宝宝应该在书房做什么呢？

卫生间

功能：家人进行便溺、洗浴、盥洗等活动的空间。

家具、家电：马桶、盥洗台、水龙头、镜箱、浴缸等。

提问：有人在卫生间的时候，我们可以随意开门进入吗？为什么？

来看看卫生间跟其他的房间有哪些不同？（通风、光线等）

阳台

功能：呼吸新鲜空气、晾晒衣物、摆放盆栽的地方。

家具、家电：藤椅、晾衣架等。

提问：小小阳台危险大，看看我们能发现多少有危险的地方？（整个过程，别忘了跟孩子去探讨各种潜在的危险，达到家庭安全教育的目的。）

家人职业大调查

场景：家里。

目的：了解社会分工、职业选择。

适宜年龄：4—6岁。

内容描述：家庭是社会运转的一个基本单元。人们既要在家庭中分工协作，也需要在社会中扮演职业角色。让孩子做个小小调查员，从家人的身上了解各行各业的讯息，并学习一些通识知识。

为了增加仪式感，爸爸、妈妈还可以带着孩子做个调查员的身份名牌。准备好可以用来记录的纸、笔或录音设备等，小小调查员开始行动吧。

调查对象：爸爸、妈妈、爷爷、奶奶、姥姥、姥爷、叔叔、婶婶等。

我们可以引导孩子调查以下几个问题。

1. 您是做什么工作的？

2. 这个工作主要包括哪些任务呢？看看孩子对其中哪些任务不够理解，可以继续深入去了解？

3. 您喜欢您的工作吗？为什么？

4. 这份工作的收入有多少？您对这份收入满意吗？为什么？

5. 在家里您的分工是什么？

整个调研过程，除了问以上问题，还应跟孩子保持开放性的探讨，看看孩子还有哪些感兴趣的话题？引导孩子去进行更多探索，比如：为什么收入有高有低？为什么不同成员在家里的分工很类似，在职业上却很不同？每一个职业都需要掌握哪些技能？那宝宝的职业又是什么呢？宝宝在家里的分工应该是什么呢？

· 亲子研学卡设计参考

职业

职业是参与社会分工，利用专门的知识和技能，为社会创造物质财富和精神财富，获取合理报酬，作为物质生活来源，并满足精神需求的工作。

常见的职业：工人、农民、个体商人、教师、公务员、公司职员等。

新的职业：网络主播、游戏竞技手、微商等。

提问：我们想想未来还可能会有哪些职业？

在家做个营养师

场景：家里。

目的：了解营养知识、建立标准意识、学习做计划。

适宜年龄：4—7岁。

内容描述：学龄儿童生长发育迅速，处于一生中最关键的时期。4至7岁是饮食习惯养成的关键时期，合理饮食和营养均衡非常重要。试着在家里，跟爸爸、妈妈一起来做营养师吧。

家长可以带孩子开展以下活动。

1. 邀请孩子帮妈妈安排晚饭，保障家庭每个人的营养。

2. 引导孩子列出人所需的均衡营养成分，各种食物包含的营养，然后玩个连连看的游戏，例如大脑需要卵磷脂（鱼）、眼睛需要胡萝卜素（胡萝卜）、肌肉需要动物/植物蛋白（肉、蔬菜）、肠胃需要纤维（蔬菜）……通过游戏，一起讨论做什么菜，保障所有人营养均衡。

3. 告诉孩子洗菜、切菜、煮饭、炒菜的时间，引导孩子一起规划时间：哪些要先做，哪些后做，总共需要多长时间。

4. 吃饭前，让孩子给全家人讲，做一道菜要经过哪些步骤，花了多长时间，为什么要吃这些菜，分别能补充什么营养。

身体五大器官爱吃啥

心脏：维生素、钾、镁、辅酶 Q_{10} 等。

维生素 C：多叶蔬菜、酸味强的水果等。

维生素 E：动物肝脏、香油、莴苣叶、橘皮等。

维生素 B：蛋黄、谷物、鱼等。

钾：香蕉、南瓜、大麦、糙米、燕窝等。

镁：海藻、油菜、乌贼、萝卜、蚕豆等。

辅酶 Q_{10}：深海鱼、动物内脏、鸡蛋、西蓝花等。

肝：优质蛋白质、膳食多糖、纤维素等。

优质蛋白质：豆制品、奶制品、鸡蛋、鱼肉、瘦肉、鱿鱼等。

膳食多糖和纤维素：深色蔬菜（紫甘蓝、木耳、竹笋等）。

胃：膳食纤维、类胡萝卜素等。

膳食纤维：水果、蔬菜、谷类食品。

类胡萝卜素：玉米、杧果（即芒果）、青椒、西瓜、西红柿等。

肾脏：硒、白开水等。

硒：鸡蛋、动物内脏、瘦肉等。

肺：维生素 D 等。

维生素 D：香菇、脱脂牛奶、坚果、奶酪、猕猴桃、橘子等。

我和社区

身边的公共设施

场景：住宅小区。

目的：深度观察，理解公共设施。

适宜年龄：4—7 岁。

内容描述：居住的小区是我们再熟悉不过的环境，但我们很容易忽略，小区的设计其实融入了很多科学和社会学的知识。带着好奇心去重新审视身边习以为常的事物，我们会发现，自己居住的小区里藏着大学问。

家长可以带孩子开展以下活动。

通过数地砖或量步伐，测量一下小区两排楼之间的距离。国家规定了楼间距标准，这是为什么？引导孩子发散思考原因：隐私？采光？

记录当下季节不同楼层每天的日照时间，观察不同楼层分别在几点需要开灯。

查看小区安防摄像头的部署，思考以下问题：小区的保安岗在哪里？保安叔叔是如何防止坏人进入小区的？在家遇到不同的紧急情况，应该采取什么行动？如何最快通知保安叔叔？小区离最近的警点有多远？如果遇到情况报警，警察叔叔最快多久能赶到？

观察小区里的公共设施，思考以下问题：哪些设施可以方便老人、小孩和残疾人？有没有方便轮椅通行的斜坡？有没有盲道？哪些地方有扶手？在电梯里，小朋友或坐轮椅的人能够得着按钮吗？哪些地方方便，哪些不方便？有什么办法改进吗？

· 亲子研学卡设计参考

1. 建筑采光
建筑采光是为获得良好的光照环境、节约能源而采取的措施。
我们小区每排楼之间隔了多远？
不同的时间，太阳能晒到哪些楼层？
除了楼间距外，窗户的大小对家里光线有影响吗？窗户的朝向对光线有影响吗？
如果换房子，你想选择住在哪层楼？

2. 小区安保
观察小区里的安保设施，包括保安岗亭位置和摄像头位置，看看哪些地方是监控和保安叔叔看不见的。
哪些地方不安全，小朋友不应该去玩？
如果发生危险，应该怎么通知保安叔叔？
除了110外，小区里贴了便民报警电话吗？和妈妈一起开车看看，警察叔叔从最近的警点赶来要多久？

3. 小区便利设施

公共便利设施是城市文明的标志之一。

从小区门口到家，有不需要走楼梯的路线吗？有方便盲人的盲道吗？

电梯里的面板高还是低，是否合理，小朋友或残疾人坐轮椅够得着吗？有哪些地方行走不方便？有扶手吗？

想想还有哪些不方便的地方，试着和妈妈一起给物业提建议。

着火了怎么办

场景：家里及小区。

目的：深度观察，理解火灾逃生常识。

适宜年龄：6—10岁。

内容描述：我们大多数时间都待在楼房建筑中，了解现代消防设施和相关法规很有必要。我们需要带孩子充分了解并掌握这些消防逃生知识和技能。

家长可以带孩子开展以下活动。

观察和研究居住环境的火灾逃生路线，画一幅逃生路线图，标出消防通道。

引导孩子分析各种不同情况，如家里或同楼层着火、楼上着火、楼下着火，应该分别采取什么行动，和爸妈一起演练。

对于大一些的小朋友，可观察小区消防安全设施的设计，各种消防器材的部署，消防车进入小区的通道，车库的防火门，等等。引导孩子分析各种设施是否合理，有哪些隐患，有哪些改进办法。

· 亲子研学卡设计参考

1. 消防通道

观察家门口消防通道的位置。

阅读楼道张贴的各种公告和海报。

和妈妈一起绘制火灾逃生路线图，罗列注意事项。

2. 公共消防设施

观察小区里各种消防器材的布置，比如消防车通道、车库防火门等，设想火灾情况，发现其中的隐患，想想如何改进。

寻找春天

场景：小区里。

目的：感受自然，探索规律，感受美。

适宜年龄：各年龄段（家长根据孩子的年龄、认知开展）。

内容描述："春天在哪里呀？春天在哪里？春天在那小朋友的眼睛里，看见红的花呀，看见绿的草，还有那会唱歌的小黄鹂。"四季更迭，万物循生，大自然就是亲子研学的教科书。所以在每一个季节里，我们都可以带上孩子来做亲子研学活动，这里以春天为例，其他季节类似。

在开展亲子研学前，我们可以带孩子读一读有关春天的绘本、诗词等，或讲一个"春姑娘"的故事。在我们日常居住的小区，也会有不同的奇遇。春天到了，我们会有哪些发现呢？

1. 大树长出了绿叶，带孩子看看不同的树木，绿叶不相同，颜色不同，形状也不同。

2. 花朵也开了，各种颜色，看一看，闻一闻，数一数。

3. 小草也苏醒了，看看它们现在的样子，还记得冬天时的样子吗？

4. 观察一下小区里遇到的邻居，看看大家都有哪些变化？

5. 来数一数我们都遇到了多少小动物吧？为什么它们都热闹起来了？……

四季的亲子研学活动，是每个家庭、每个年龄段都可以简单操作的活动，爸爸、妈妈们可以根据孩子的年龄、认知去进行完善。对年龄大一点的孩子，我们可以增加很多自然知识，如落叶树和常青树，乔木和灌木，木本花、草本花、球根花等。

在整个过程中，我们可以启发孩子充分调动视觉、听觉、嗅觉、触觉去感受大自然的魅力。在一次中央美术学院的雕塑艺术论坛上，当各大学者标榜雕塑艺术能够给我们的生活带来美和思考的时候，徐冰老师说："任何人为的雕塑作品，都比不过一棵大树的美，一棵大树的积极意义。"是呀，大自然的美让人心旷神怡，沉醉其中。如果从孩子小的时候，我们便能带着孩子去感受这些光景，这种感受美的能力便是送给孩子们最好的礼物（图34，图35）。

图34 | 孩子们对大自然的最初认识，是从小区的四季开始的。翻看舒心在小区的研学记录，我发现她最开始是画花，到后期已经开始立体作品的创作，那个时候她还不到 6 岁

图35 ｜ 我们小区有一块公共的菜地，这里也是舒心从小喜欢去的研学地点。看两岁多的舒心笔下的菜地，是多么生动、有趣

小区地图

场景：小区里。

目的：认识布局，了解方位。

适宜年龄：4—6 岁。

内容描述：每个孩子在小区里都有玩伴，你的家住在哪里？我的家住在那里！让我们带上孩子，重新认识小区吧！这次亲子研学，我们通过和孩子一起做一张大大的小区地图，引导孩子认识小区的布局，同时学习方位——孩子空间能力的启蒙是从认识方位开始的。

活动开始之前，我们有许多方法带着孩子认识东、南、西、北。

第一种：从家里的方位开始，告诉孩子，哪边是南，哪边是北。去南边的屋子看看，再去北边的屋子看看，帮助孩子建立南和北的空间关系。

第二种：从观察太阳入手，看它早上如何东升，下午又如何西落。

第三种：观察建筑房屋，一般有阳台的卧室都是朝向南边的。

除了这些方式，还可以带孩子看树冠的茂密程度，茂密的是南边，稀疏的是北边。或者找岩石来看，布满青苔的是北边，干燥光秃的是南边。或者将类似火柴的长条状东西竖在指针手表上，让阳光投下的影子与时针重合，与 12 点刻度的夹角中间就是北，另一边对应的就是南。当然，家里准备一个指南针也是非常不错的选择——指南针是一个伟大的发明，以一枚磁针作为指针，在地球大磁场的作用下，总是指向南和北。如果孩子感兴趣，一定要带孩子去探索一下地球磁场的奥秘。孩子建立基本的方位概念后，我们就可以开始行动了。

1. 先在地图上标注一个方位。标注好后，教给孩子一个顺口溜"上北，下南，左西，右东"。

2. 下面我们从认识小区的大门开始吧，看看小区有几个大门，分别在什么位置，又是什么方位。把大门先画在我们的地图上面。（同时家长可以引导孩子观察，哪里进车，哪里出车，哪里进人。让孩子想想，进车和进人为什么要分开，帮助孩子建立起基本的出行安全意识。）

3. 画好大门以后，思考一下：大门之间是靠什么连接的？小区最重要的交通路线是什么？爸爸妈妈可以开车带孩子溜达一遍，也可以结合大自然探索等研学活动，带着孩子边走边观察。当我们有了主要交通路线后，可以在地图上面画出来。（让孩子们想想，如果交通路线有马路、桥、跑步道等，我们可以怎么画，来进行区分。）

4. 有了主要交通路线后，我们带孩子一起找找，我们家在小区地图里面的什么位置。（我们可以画一个漂亮的标志来代表我们的家。）

5. 找到我们的家，再看看孩子们还有哪些想寻找的地方。小区幼儿园？小区超市？小区会所？好朋友的家？这些对于孩子很熟悉的地方，我们都可以一一标注在地图上面。

一张简易版本的小区地图出炉啦，做完后别忘了再跟孩子进一步讨论地图里面的各个场所的方位信息，做一个关于方位的小游戏，例如：我们家在好朋友家的北边；我们家在会所的南边；我们家在幼儿园的西北边等，进一步加深孩子对于方位的理解（图36）。

图36 ｜ 画地图一直是孩子们喜欢的描述方式。最有趣的是，一天早晨醒来，暖心说她做了一个梦，去了一个神秘的动物园，于是她用地图的方式记录了下来。随即，舒心也创作了她的幻想自然地图。在疫情暴发前，我们准备去美国旅行，舒心也用地图的方式提前做了攻略。看来地图的确是一个好助手

1. 地图

是按一定的比例运用线条、符号、颜色、文字注记等描绘地球表面的自然地理、行政区域、社会状况的图形。

提问：地图可以发挥哪些作用？

2. 小区基本功能

城市住宅小区、居民小区，一般简称为小区，是指以住宅为主并有配套设施（道路、市场、供水、排水、供电、邮政、卫生、环保等）的区域。

互动：如果孩子感兴趣，可以更聚焦某一方面，来做一项专业调研，例如：小区的供水＆排水系统等。

我是停车小助理

场景：小区里。

目的：认识标识、标牌，探讨停车秩序。

适宜年龄：3—6岁。

内容描述：停车场是小区很重要的一个场所，是驾车出发的第一站和返程的最后一站。在这样一个平时会被忽略的地方，我们也可以把亲子研学实践起来，主要从引导观察、引发讨论和让孩子帮助我们停车入位着手。在引导观察中，可以从地面、墙面、头顶等几个重要的位置，让孩子观察告诉我们他／她发现了什么。家长可以在一边协助讲解它们的重要功能。

在了解了停车场各种设施的功能后，孩子能够理解，只有大家都遵守停车秩序，才能给彼此带来便利。接下来我们需要跟孩子进一步讨论一些问题：如果有人不遵守停车场秩序，占用了别人的车位或是没有停在车位里，会造成什么影响呢？我们可以从出口的地方进入停车场吗？为什么？小朋友们在停车场里玩，安全吗？为什么？你觉得小区停车场应该收费吗？为什么？

别忘了，掌握了本领的孩子们是最爱帮忙的，所以不妨让孩子们来给我们做停车小助理。通过指引方向（向前、左转、右转等），提示注意事项（减速、注意道路两边、缴费等），看看孩子会怎样引导我们停车入位。

这个亲子研学活动可以分散到日常生活中开展，在每一次开车、停车的过程中，你和孩子都可能有新的发现和思考。对于很多爱动手的孩子，我们还可以带他／她们用废纸盒来模拟建设一个停车场，在过程中把研学观察的要点设计进去。

· 亲子研学卡设计参考

1. 停车场

停车场是供车辆停放的场所。为居住小区的业主的私家车提供停车的场地，称为居住地停车场。停车场配有出入栏口、泊车管理员；现代化的停车场常有自动化计时收费系统、闭路电视及录影机系统。

2. 停车场指示牌

指用于指明停车场位置及相关规则的指示牌。一般停车场指示牌包括：车辆入口和出口指示标志（引导司机泊车位置及驶出方向）入口减速带（提醒司机减速）；出入口通道上方悬挂的车位号指示标志；车道两边的黄色边线、地面白色引导箭头（引导车辆通行）；两侧边线设的反光道钉（当车轮压在道钉上产生振动，提醒司机不要超线）；出入口通道及坡道两侧墙壁设的反光诱导标志及反光轮廓标志（起引导车辆及警示作用）；出入口通道两侧墙壁的刷黄警示带（警示司机两侧墙壁）；转弯死角处的广角镜（增加司机视野）。

小区是学龄前孩子社交的重要场所，也是孩子们学习成长的重要环境。我们应该利用好小区的环境，把日常溜娃和亲子研学结合起来，这样在小区里你也能开发出很多的亲子研学活动。其中既包括自然类的科普研学，也包括社会交往的人际研学，还可以有安全主题的教育研学等，快带上孩子在我们熟悉的小区里开展亲子研学活动吧。

我们一起买买买

场景：超市。

亮点：走进生活，财商启蒙。

适宜年龄：4—7 岁。

内容描述：超市是每个家庭带孩子购物的重要场所。不如带上你的孩子，去超市一边购物，一边来做一次有意义的亲子研学。

首先，带领孩子在家完成购物清单，不会写字的话，也可以用画图的方式完成；其次，进入超市后的购物过程中，引导孩子观察他 / 她的购物清单中的物品分别放在什么区域，一起猜测

为什么会这样划分；再次，引导孩子观察他/她的购物清单中每个物品是如何摆放的，一起猜测这样摆放的原因；最后，付款结账，与孩子探讨什么东西可以用钱买，什么东西不可以用钱买（图37）。

· 亲子研学卡设计参考

1. 购物清单

拟购商品名称（引导孩子尽可能去思索当下生活各方面的物品需求）

预算（可以引导孩子按类别整理，帮助他/她了解预算的重要意义：收入与支出的关系，支出的必要性，等等。）

2. 超市的分区

熟食区、非食品区（居家、日化、洗涤）、肉类区、海鲜区、菜果区……（根据实际情况更新及补充。）

图37 | 超市是我们日常去研学次数最多的地方。回忆起来，我们不仅在超市认识了蔬菜、水果、日杂用品……还学会了结算，研究了分类，探讨了价格，发现了隐藏在价格后面的秘密

3. 超市商品摆放特点

收银台：摆放一些容易被遗忘、不易被发现或者比较新奇的小商品。

显眼的地方（如人流经过的地方）：摆放买一赠一、快要过期的商品，进行捆绑销售。

不同灯光的货架：肉类商品的货架，常用红色等暖色系灯光；生冷食品例如海鲜、蔬果，常用蓝色等用冷色系灯光。

4. 钱不能买什么

钱可以买书，但是不能买知识。（引导学习的重要性。）

钱可以买服务，但是不可以买爱。

钱可以买玩具，但是不可以买快乐。

钱可以买吃的、穿的，但是不可以买时间。

……（与孩子互动探讨补充）

宝宝也来开饭店

场景：饭店。

亮点：发展感知能力、训练逻辑思维。

适宜年龄：3—5 岁

内容描述：我们常常带孩子去饭店吃饭，但你有没有想过，这个过程也可以开展亲子研学？来一次不一样的外出用餐吧。

家长可以带孩子开展以下活动。

1. 带孩子去饭店吃饭，观察座位、收银台、送菜台等，想想和在家吃饭有什么不同。

2. 思考为什么饭店有收银台而家里没有。

3. 观察菜单上有什么（图、文字、价格），思考为什么家里吃饭没有菜单。

4. 如果可能，带孩子站门口看一下后厨，观察和家里厨房有什么不一样，想一想厨师叔叔怎么知道我们想吃什么菜。

5. 让孩子观察从进饭店到离开的过程——引座、点餐、吃饭、结账等步骤，并和孩子讨论一下：可不可以打乱步骤？可以先结账再点餐吗？可以在家先点餐，再来饭店吗？

6. 回家让宝宝给自己画一本餐单，和妈妈尝试一次在家点餐。

饭店的菜单是一个特别好的研学工具，对于年龄大一些的孩子，我们还可以引导孩子观察分析菜单：哪些菜是大图，哪些没图？哪些菜在菜单前面，哪些在后面？酒水、饮料在菜单的什么位置？哪些菜贵，哪些便宜？为什么贵的菜会放前面，并配上大图？当你先看到一个100元的菜，再看到一个20元的菜时，有什么感觉？

· 亲子研学卡设计参考

1. 饭店经营的要点

好位置是饭店经营非常重要的因素，为什么呢？

有特色是饭店持续经营的生命力，刚才吃的饭店有什么特色呢？

你在饭店里感受到了什么（口味、装修、品牌标识、菜单设计、服务员态度、卫生间的干净度）（图38）？

图38 ｜ 这是一家海鲜饭店，每次去的时候舒心、暖心都要观察很长时间各种鱼类，菜品成了她们研学的好对象。右图是不到2岁的暖心画下的鱼，你是不是也看到了眼睛、嘴巴、尾巴，还有鱼吐出的泡泡呢

2. 菜单设计小窍门

图文并茂的菜单更吸引顾客；菜单需要排版清晰，分类明确，标出招牌菜和最受欢迎的菜；菜品不是越多越好，而应让顾客点菜时没有选择困难。

3. 菜品定价秘诀

对于一家餐厅来说，菜品价格要为客人所接受，便宜是取胜的法宝。所以你会发现两个定价秘诀。

第一，非整数定价，定价为 50 元不如 48 元，100 元不如 98 元。因为在顾客心目中，钱付出了还能找零，心情会更愉快，会给人"很实惠"的感觉。

第二，奇数定价，在定价时采取奇数比偶数好，因为心理学测试结果显示，顾客会感觉单数比双数少。比如定价 47 元，会给顾客接近 45 元的感觉，而如果定为 48 元，就好像贵出了很多。

如果你是老板，你会怎么给这些菜品定价呢？

探秘大商场

场景：商场。

亮点：深度观察，了解市场与销售。

适宜年龄：4—7岁。

内容描述：商场是我们常带孩子去的地方，这里除了有各种儿童娱乐设施，还有各色美味的食物和琳琅满目的商品。让孩子当一下小侦探，一起去探索藏在商场里的秘密吧。

家长们可以带孩子开展以下活动。

1. 从进商场开始，让孩子记录每层楼在卖什么，花一分钟数数楼梯口人流量；让孩子想一想：为什么珠宝和手表柜台都设在一楼？为什么超市设在地下？

2. 和孩子一起探讨，一楼人多还是顶楼人多？为什么？买珠宝的人多，还是买运动服的人多？把珠宝门店放在顶楼可以吗？为什么？楼梯口的店面人多，还是商场里的店面人多？为什么？如果你在商场里卖玩具，你想开在什么地方？为什么？

3. 找3个不同类别商品的柜台/店面，让孩子问一问销售阿姨一天能卖出去多少件商品，哪种商品最好卖。与孩子讨论原因，并分析哪些商品贵，哪些便宜，哪些看的人多、买的人少？

4. 和孩子讨论一下，商场和超市有什么不同？为什么除了卖东西，商场会有餐馆、电影院，还有很多小孩玩的地方？你和妈妈是因为什么想在周末来商场？

· 亲子研学卡设计参考

1. 需求弹性

需求弹性是指在一定时期内商品需求量的相对变动对于该商品价格的相对变动的反应程度。需求弹性大的商品，通俗来说就是可买可不买的商品。

针对商场的布局，你觉得需求弹性大的商品应该放在哪里呢？当然是要吸引注意力，放在显眼、方便的主要楼层和通道，所以奢侈品店、珠宝店、化妆品店等常常在一楼。

什么商品的需求弹性小呢？比如电视机等电器设备，需求弹性较小，一般都摆放都在很高的楼层。平时谁也不会乱买冰箱或电视，真要买的时候，也不会介意去高楼层。

2. 商场楼层的商业价值

商场里不同的楼层，你觉得在什么位置卖东西最好呢？

人流量大的地方，最有利于商品销售。考虑到商场各楼层的人流量情况，当然是一楼最好，二楼次之，地下一层再次之，然后才是三楼、四楼、五楼等。

那么，商家一定都希望把店铺开在人流最多的楼层。而商场是向商家收取房租的，也因此制订出人流越多租金越贵的出租策略。

3. 商品划分

商品中也有著名的 2/8 法则，也就是说 20% 的商品贡献 80% 的业绩。你能发现一家店里贡献最大的 20% 的商品是哪些吗？

一般情况下，商品可以分为形象类、畅销类、主推类3种。形象类产品代表品牌形象，价格高、数量少，一般而言，是为提升品牌形象而诞生的商品，数量宜少不宜多；畅销类产品，毫无疑问应当占绝对的大头；主推类产品，兼具畅销类和形象类产品的特征，也不宜过多。

那么，商家如何确定畅销类商品呢？你可以想想，历史销售数据、市场需求数据会给你很好的参考。

4. 引流的价值

在竞争充分的商业环境中，吸引客流是商业的核心之一。商场里的电影院、餐饮店、儿童娱乐设施，都想吸引顾客更频繁地消费，并在此消费场景中停留尽量长的时间。

延展一下，任何构成消费吸引力的品牌和设施，都可能成为商场的引流利器，商场甚至会为其免除租金。

让孩子想一想：每次妈妈说去商场，会去干什么、买什么、玩什么、吃什么。问问孩子：你觉得如果商场里有什么，小朋友会每天都想来？

神奇动物在哪里

场景：动物园。

亮点：启发观察、探索奥秘、走进科学。

适宜年龄：4—7岁。

内容描述：动物园是每个城市重要的亲子乐园，家长带孩子去动物园，要怎么玩才能帮助孩子增长知识、提高能力？神奇动物在哪里？让家长带着孩子们一起探秘。

家长可以带领孩子从3个方面进行观察和探索。

1. 从头到脚，观察外貌特征。

2. 观察动态的行为习惯，如吃什么？动作特点是什么？喜欢什么？

3. 想想它有什么神奇的地方？

· 亲子研学卡设计参考

1. 猴子（可根据具体情况，细分类型）

外貌特征：猴体形中等，四肢等长或后肢稍长，尾巴或长或短，有颊囊和臀部胼胝，营树栖或陆栖生活。（根据实际情况更新及补充。）

行为习惯：树栖或半树栖生活，通常以小家族群活动，也会结大群活动。（根据实际情况更新及补充。）

神奇本领：会爬树、会帮爸爸、妈妈挠痒痒、能在树上灵活穿梭。（与孩子互动探讨补充。）

2. 老虎（可根据具体情况，细分类型）

外貌特征：头大而圆，体形健壮威武，全身橙黄色，布满黑色条纹。唇、颌、腹部和四肢内侧白色，前额有似"王"字的斑纹。耳朵黑色，耳背有个白点。（根据实际情况更新及补充。）

行为习惯：独来独往，喜欢水，会游泳。（根据实际情况更新及补充。）

神奇本领：飞速奔跑，能够凶猛地捕捉猎物。（与孩子互动探讨补充。）

根据动物园的动物特点及想带孩子探索的内容进行补充。

公园里的"大世界"

场景：公园。

亮点：公园里的四大启蒙。

适宜年龄：2—7岁（5—7岁可增加难度）。

内容描述：无论是小区里、城市公园，还是某一旅游胜地，都能带给孩子一个大世界。我们来一场有趣的自然探险吧。

我们可以带孩子做些什么呢？

1. 妈妈带孩子在公园里找一找，有多少种不同的花？（不用根据名字分类，可以引导孩子从形态、颜色、形状等角度进行探索归类。这是科学启蒙。）

2. 一阵风吹来，花儿摇曳，好像在跳舞，宝宝能不能模仿花儿跳舞呢？（引导孩子观察并模仿，这是艺术启蒙。）

3. 古诗云："人面桃花相映红"，我们可以引导宝宝找到一种"相映红"的花，拍张合影。（帮助孩子感性地理解古诗，这是人文启蒙。）

4. 小朋友长大靠吃饭、喝水，大树、小草、花儿们要长大，需要吃什么呢？（引导孩子思考自然问题，这是科学启蒙。）

5. 最后，用拣来的花瓣和妈妈一起创作一个作品吧。（引导创作表达，这是艺术启蒙。）

对于年龄大一些的孩子，我们还可以增加难度。

1. 让孩子仔细观察一种花，去探究花茎长什么样，什么颜色，有没有叶子和刺；花蕊是什么颜色，哪儿的颜色更深，跟其他花有什么不同……（跟孩子探讨，一起总结特征，这是科学启蒙。）

2. 询问宝宝，你觉得这朵花漂亮吗？香吗？你看古诗形容的"叶舒春夏绿，花吐深浅红"是写花的哪个部分，什么颜色？（引导描述和表达，这是人文启蒙。）

3. 你知道我们城市的"市花"吗？猜猜它为什么被称为市花？有的城市还被叫作"花城"，你知道为什么吗？（这也是人文启蒙。）

4. 我们可以用纸画出来这朵花吗？如果画出来，怎么让妈妈看出来这朵花特别香呢？（引导想象，这是艺术启蒙。）

5. 这些花儿，除了观赏，还能用来干什么？（和孩子探讨用途，比如香水、口红、泡茶、做菜、鲜花饼、精油、永生花……（这是财商启蒙。）

· 亲子研学卡设计参考

1. 花

基本定义：具有观赏价值的草本植物，喜阳且耐寒，短枝具有繁殖功能，有许多种类。

（补充：草本植物指茎内的木质部不发达，含木质化细胞少，支持力弱的植物。草本植物体形矮小，寿命较短，茎干柔弱，多数在生长季节结束时，地上部分或整株植物体会死亡。）

构成：在一个有限生长的短轴上，着生花萼、花瓣和产生生殖细胞的雄蕊和雌蕊。花由花冠、花萼、花托、花蕊组成，有各种各样的颜色，形状也各种各样。

气味：有香味或无香味。

2. 光合作用

基本定义：绿色植物利用太阳的光能，合成二氧化碳和水，制造有机物质并释放氧气的过程。植物可以大量吸收二氧化碳，生成的有机物质就成为植物身体的组成部分，这就是小树、小草生长的过程。

相关问题：阴天看不见太阳怎么办？室内没有太阳的话，用灯照射植物，能使其生长吗？

研学实践：通过光谱图，引导孩子理解光和可见光范围的概念；对于年龄大的孩子，还可以引导其理解可见光范围外的红外线、激光等概念。

3. 植物对碳中和的大作用

人类各种活动，如建筑交通（盖房修路）、工业（炼钢）等，都会消耗能源，产生二氧化碳；人和动物也会呼出二氧化碳；畜牧业里，连牛放屁都会产生二氧化碳。地球上的二氧化碳太多，就会造成温室效应，天气越来越热，致使北极冰山融化，海洋水面上升，给人类的生存带来危害。

植物可以大量吸收二氧化碳，空气里的碳就被植物吸收进身体（想一想，是不是木材燃烧，就变成了碳？），释放出人和动物需要的氧气。大面积的森林可以吸收空气中的二氧化碳，减缓地球变暖的过程，最终达到平衡。这个过程就是全世界都关注的碳中和。

我与本书

　　一年前，一次在跟朋友的聚餐上，我认识了"好奇说"亲子阅读平台创始人 Neo，一个挂着浓浓黑眼圈的帅气大男孩。Neo告诉我，他在做一件很有意义的事情——让好妈妈成为一种职业，让亲子阅读成为家庭教育中一道亮丽的风景线。我感到很兴奋，也将亲子研学的想法分享给了他。从此，"读万卷书"的好奇说，增加了"行万里路"的亲子研学。

　　伴随着亲子研学课程的推进，我越来越想写一本有关亲子研学的书，与更多家庭和朋友分享研学理念。历经一年的时间，在高质量陪伴孩子、做好本职工作、开创亲子研学课程之余，我终于把这本《陪孩子探索世界：随时随地的亲子研学实践》写了出来。说实话，过程中确实经历了很多纠结，写书的愿望与迫在眉睫的忙碌工作常常发生冲突。

　　我的两个孩子，一个10岁，一个7岁，她们对世界充满了好奇与期待，也很需要我的陪伴与支持。陪伴孩子在任何时刻都是我优先级别最高的事情，因为我不想错过这个难得的经历。未来，孩子们终将离我远去，但现在的陪伴将成为她们成长的力量，也是我送给她们最好的礼物，"盛年不重来，一日难再晨"。

写这些话，一是想对身边督促我、帮助我的朋友解释一番；同时也想告诉所有读者，本书的作者不是一个只会"说"，不能"做"的人。我自己也请教过各类"专家"，但我喜欢剥离现象看本质地审视他／她们，凡是一面鼓吹亲子教育，一面却吝啬花时间和心思陪伴孩子的，我都会对他／她们所谓的"专业"产生怀疑。

关于这本书，我仍然有很多遗憾。亲子研学的课程已经迭代十余个版本，随着学员们学习、反馈的不断累积，亲子研学的理念也变得越来越深入人心，很多当下及未来课程的内容，都难以归纳到本书中。但一切的发展都是在行动中完善的，行甚于言，我很庆幸这本书有了起点。这是个好的开头，既弥补了国内亲子研学领域读物的空缺，也给了家长们一个可使用的工具。我对未来有更多美好的期待，比如目前的操作案例还不够充足，等到明年，当我收集到越来越多学员的优秀案例，相信一定会有更好的作品面世。

我很庆幸，亲子研学作为我的家庭教育工具，给予了孩子更广阔的飞翔空间。令我惊喜的是，两个孩子在进入小学后，都表现出较强的学习能力，她们就像海绵，如饥似渴地吸收着有趣的知识，学校成了她们研学的好地方。我安心地陪伴她们健康、快乐、自信、独立地成长。我也想把这些启发与更多的爸爸、妈妈们分享，这本身也是一件令人幸福的事情。

在整理孩子亲子研学的照片时，我发现了孩子给我写的很多小纸条。这些稚嫩的文字里承载着她们满满的感谢与爱，"一尺三寸婴，十又八载功"，感谢亲子研学让我成为更好的母亲！

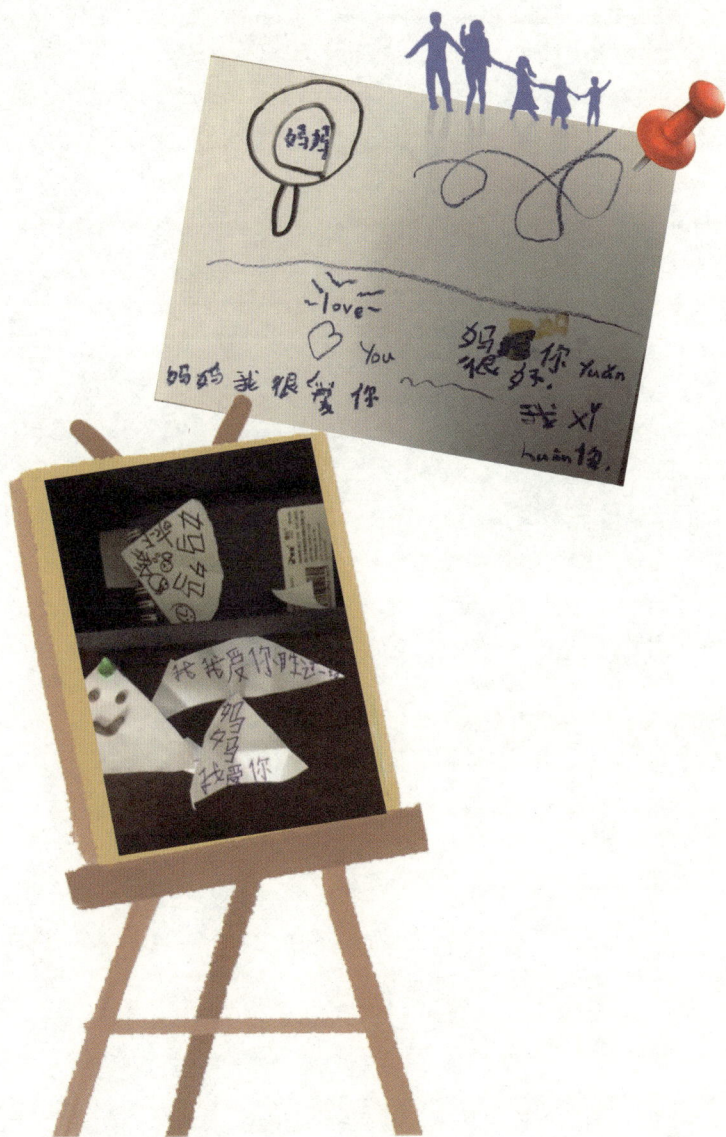

2022 年 11 月
于北京